DIE KI-REVOLUTION

Dr. Bernhard J. Mayr

literatur@we-make.ai

Copyright 2019
Dr. Bernhard J. Mayr

Alle Rechte vorbehalten

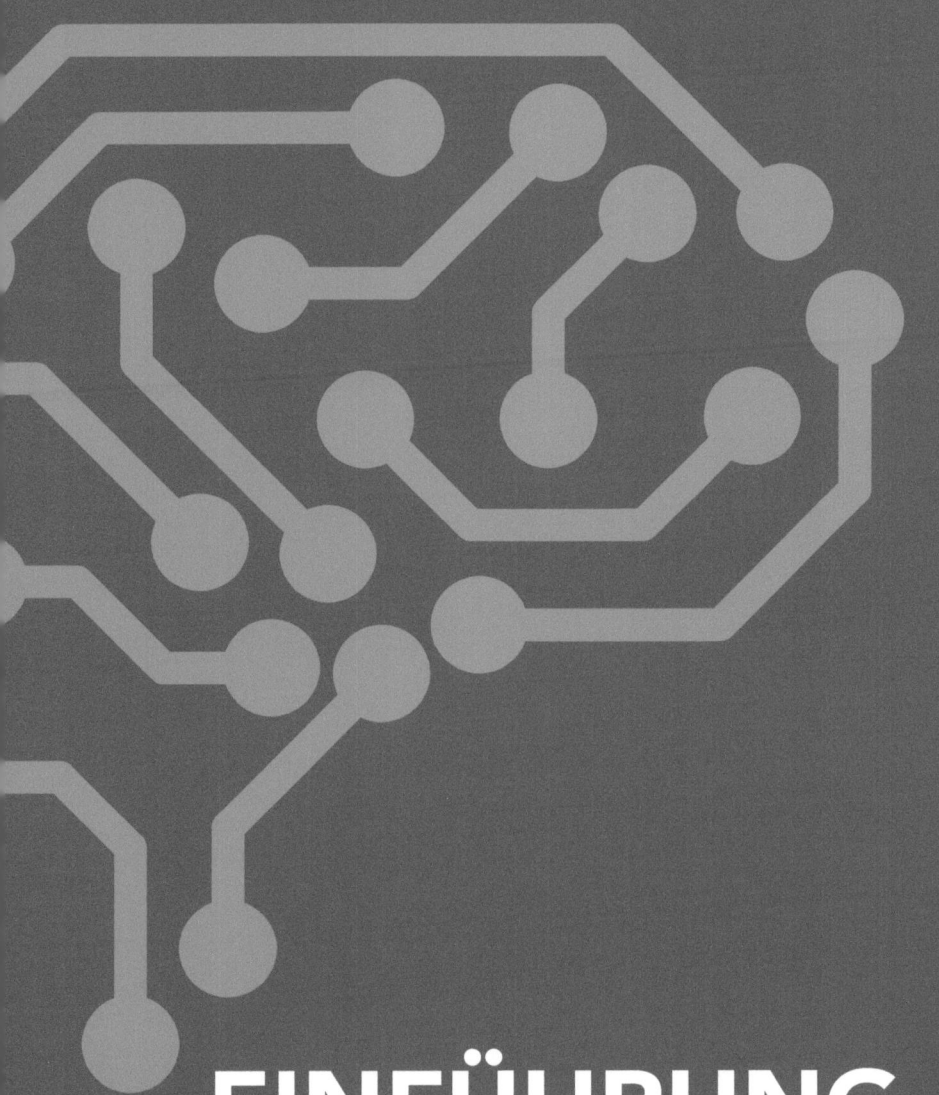

Auswahl von KI-Projekten	52
Brainstormingprozess für Themenfindung	54
Aufgaben- statt Jobdenken	54
Geschäftstreiber feststellen	54
Schwachpunkte im Geschäftsmodell analysieren	54
Auswahl konkreter Themen	55
Due-Diligence-Prüfung	55
KI-Projekt umsetzen	58
Dos and Don'ts für erfolgreiche KI-Transformation	60
Praktische Anwendungsfälle künstlicher Intelligenz	62
Handel / eCommerce	63
KI-Einsatz im Handel / eCommerce	63
Konkrete, umgesetzte Projekte	64
KI-Einsatz in der Landwirtschaft / Agrartechnik	65
Ethische Aspekte künstlicher Intelligenz	68
Fairness von KI-Systemen	70
Auswirkungen von „Unfairness" auf Unternehmen	71
Wie kann man der „Unfairness" entgegenwirken?	71
Auswirkungen der KI auf die Gesellschaft	72
Zusammenfassende Rahmenbedingungen für den Einsatz von künstlicher Intelligenz	73
Zusammenfassung	76
Dr. Bernhard J. Mayr, MBA	79

INHALTSVERZEICHNIS

Artificial Intelligence, Künstliche Intelligenz, Machine Learning	10
Was ist Machine Learning eigentlich?	11
Woher kommt aktuell der Hype rund um KI/AI?	12
Machine Learning vs. Data Science	13
Deep Learning	14
Daten	**16**
Use und Miss-Use von Daten	19
Der Einsatz künstlicher Intelligenz aus einer historischen Perspektive	20
Was mit KI möglich ist und was nicht	26
Die KI-Transformation Ihres Unternehmens	30
1. KI-Pilotprojekte	31
2. Aufbau eines Inhouse-KI-Teams	32
3. Erarbeiten einer langfristigen KI-Strategie	35
4. Internes KI-Training	**38**
Beispiele für die Veränderung von Jobs im Unternehmen	38
5. Entwicklung der internen und externen Kommunikation	40
Zeithorizont der Transformation	44
Workflow von KI-Projekten	46
Workflow von Machine-Learning-Projekten	**47**
Datenset aufbauen	47
Trainieren des Modells	48
Bereitstellung des Modells	48
Workflow von Data-Science-Projekten	**49**
Daten strukturieren	50
Hypothesen formulieren	50
Handlungsanweisungen generieren und umsetzen	50

Vor über 100 Jahren veränderte die Elektrizität die Gesellschaft und die Wirtschaft nachhaltig. Neue Fertigungsmöglichkeiten eröffneten sich und die Produktivität konnte massiv gesteigert werden. Elektrizität stellt noch heute die Grundlage für unsere gesamte Gesellschaft dar.

Elektrizität   **Machine Learning**

Nun stehen wir wieder an einer wegweisenden Schwelle in der Entwicklung. Künstliche Intelligenz (Artificial Intelligence) hat das Potential, unsere Wirtschaft und Gesellschaft in ähnlicher Weise zu transformieren, wie es mit Hilfe der Elektrizität geschehen ist.

Künstliche Intelligenz ermöglicht nicht nur Unternehmen aus der Software- und Technologiebranche wie Google, Microsoft, Facebook, Amazon u.a. ein schier unendliches Wertsteigerungspotential, sondern geht weit über die klassische Softwareentwicklung hinaus. Bis zum Jahr 2030 wird ein Zuwachs zum Bruttoinlandsprodukt von 13 Billionen Dollar für Nordamerika geschätzt. Europa hat in diesem Punkt definitiv aufzuholen, um seine Position im globalen Wettbewerb zu sichern und nicht ins Hintertreffen zu gelangen.

In China setzen bereits 85% aller Unternehmen auf künstliche Intelligenz.

... in den USA 51%
... in Deutschland 49%
... in Österreich 42%

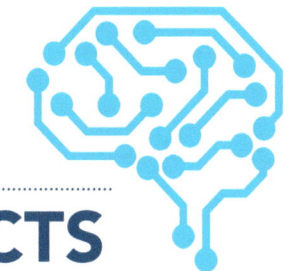

KI FACTS

Ist es für Europa in der Frage der Anwendung und Umsetzung dieser neuen Technologie erst 5 vor 12 oder vielleicht sogar schon 5 nach 12?

Sieht man sich das aktuelle Strategiepapier zum Thema künstliche Intelligenz für Deutschland an, so könnte man meinen, es sei schon deutlich später.[1]

Darin wird zwar auf über 40 Seiten die Thematik der künstlichen Intelligenz blumig beschrieben – Deutschland soll nicht nur Exportweltmeister, sondern auch KI-Weltmeister werden – die Antworten, wie diese Transformation geschehen soll, bleiben die Autoren des Papiers jedoch über weite Strecken hin schuldig.

Vielmehr werden Konzepte aufgegriffen, die in der Forschung schon seit Jahren als veraltet gelten – bzw. sich als nicht umsetzbar erwiesen haben. Diese Konzepte stammen aus einer Zeit, in der man annahm, man könne das gesamte Wissen auf Regeln abbilden und auf diese Weise deduktive Expertensysteme bauen. Dieser Zugang hat sich als eindeutiger Holzweg erwiesen. Der Leser dieses Strategiepapiers muss sich nun die Fragen stellen: Sollen in Deutschland nun auf Basis dieser Strategievorgabe, Forschungsvorhaben von öffentlicher Hand finanziert werden, bei denen schon von vornherein klar ist, dass sie in eine Sackgasse führen bzw. nicht gebraucht werden?

Die Fortschritte in den letzten Jahren im Bereich Deep Learning zeigten, dass (tiefe) neuronale Netze anderen Algorithmen in praktisch allen Anwendungsgebieten ebenbürtig oder überlegen sind. Deep Learning oder auch tiefe neuronale Netze stellen jedoch in besagtem Strategiepapier kein wesentliches Element dar und fristen nur ein Schattendasein.

Ansgar Hinz, der Vorsitzende des Verbands der Elektrotechnik, Elektronik und Informationstechnik (VDE) meint in Bezug auf den Einsatz von künstlicher Intelligenz in Deutschland überhaupt: „Der Abgesang auf den Industriestandort Deutschland hat begonnen". Seiner Meinung nach hat Deutschland in diesem Gebiet bereits den Anschluss an China und die USA verloren. Auch die Zahlen im aktuell veröffentlichten Bericht vom VDE sprechen für sich: 60% aller weltweit angemeldeten Patente aus dem Bereich künstlicher Intelligenz stammen aus den USA – dicht gefolgt von China. Weitere Vorreiter in diesem Bereich sind Japan, Israel und Korea.

Der VDI (Verein Deutscher Ingenieure) befragte unter seinen Mitgliedern 700 Ingenieure nach deren Einschätzung über Deutschland als Wirtschaftsstandort in Hinblick auf KI. Nur noch 14% der Befragten sehen in dieser Umfrage im Jahr 2019 Deutschland in einer guten Position. Fast zwei Drittel der Befragten sehen massive Probleme, in Deutschland entsprechend kompetente Fachkräfte engagieren zu können.

---

1   https://www.bmbf.de/files/Nationale_KI-Strategie.pdf

Künstliche Intelligenz ist ohne Zweifel in der Lage, in der Produktion deutliche Kostensenkungen und Produktivitätszugewinne zu generieren. Fehlen in diesem Bereich kompetente Mitarbeiter, die eine Umsetzung von KI ermöglichen, so stellt dieses Fakt allein schon einen massiven Nachteil für die deutsche Wirtschaft dar.

Doch wie das Strategiepapier von Deutschland zeigt, fehlen die Experten scheinbar nicht nur in der Wirtschaft, sondern auch in der Politik. Sich aus Unternehmenssicht darauf zu verlassen, dass die Politik diesbezüglich die Weichen für die Zukunft richtig und rechtzeitig stellen wird, erscheint vor diesem düsteren Hintergrund als denkbar schlechte Strategie.

Vielmehr liegt es an den Unternehmen selbst, diese Transformation, die durch künstliche Intelligenz ermöglicht wird, zu initiieren und zu gestalten. Nur so kann Europa seinen Platz in der Weltwirtschaft sichern.

Wir möchten versuchen, mit dem vorliegenden Buch einen möglichen Pfad für Führungskräfte aufzuzeigen, wie Unternehmen erfolgreich die KI-Transformation meistern und von der innovativen Technologie profitieren können.

1

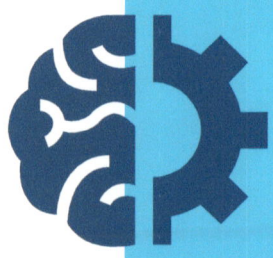

**ARTIFICIAL INTELLIGENCE
KÜNSTLICHE INTELLIGENZ
MACHINE LEARNING**

WAS IST MACHINE LEARNING EIGENTLICH?

Machine Learning ist ein Werkzeug aus dem Werkzeugkasten für künstliche Intelligenz.

Der häufigste Anwendungsfall für Machine Learning ist ein KI-System, das eine Abbildung von A nach B (bzw. Input auf Output) lernt. Die Eingabe kann zum Beispiel eine E-Mail sein und die Ausgabe ist eine Klassifizierung in Spam oder Nicht-Spam. Ist die Eingabe eine Audio-Datei mit einem Diktat und die Ausgabe die Transkription der Aufzeichnung, so sprechen wir von Spracherkennung oder Speech Recognition.

In der Produktion könnte die Eingabe ein Foto vom soeben hergestellten Produkt sein und die Ausgabe ist eine Klassifizierung in verkaufbare Produkte oder Ausschussware.

Andere solcher Beispiele sind KI-Systeme, die im Online-Marketing entscheiden, ob ein Benutzer auf einen Werbebanner klickt oder nicht. Ein System für autonomes Fahren, das aufgrund von Eingangswerten aus unterschiedlichen Sensoren entscheidet, ob sich andere Fahrzeuge im Umkreis befinden oder nicht.

Alle diese Beispiele fallen in das Teilgebiet „Supervised Learning" – dem Lernen von Beispielen. Die KI lernt „Input-Output-Mappings". Diese Form von KI ist jene, die heute am häufigsten Einsatz findet.

input (A)	output (B)	application
email	spam? (0/1)	spam filtering
audio	text transcript	speech recognition
English	Chinese	machine translation
ad, user info	click? (0/1)	online advertising
image, radar info	position of other cars	self-driving car
image of phone	defect? (0/1)	visual inspection

Doch ist die Idee nicht neu. Die erforderlichen Grundlagen existieren schon seit Jahrzehnten. Die heutige Ausprägung von Machine Learning basiert auf der Verwendung von neuronalen Netzen, die bereits in den 1950er Jahren als Experiment in der Wissenschaft entwickelt wurden.

Doch was macht eigentlich den Unterschied zwischen den Buzzwords künstliche Intelligenz/Artificial Intelligence, Machine Learning, Deep Learning, neuronale Netze, etc. aus?

WOHER KOMMT AKTUELL DER HYPE RUND UM KI/AI?

Warum startete der Einsatz von KI-Systemen jedoch in den letzten Jahren so richtig durch?

Auf diese Frage gibt es eine ganz klare Antwort: Daten, Daten und noch mehr Daten. Die Produktion von neuen Daten steigt Jahr für Jahr und bildet die Grundlage für noch komplexere KI-Systeme. Der Spruch „Daten sind das neue Öl der Wirtschaft" kommt nicht von ungefähr.

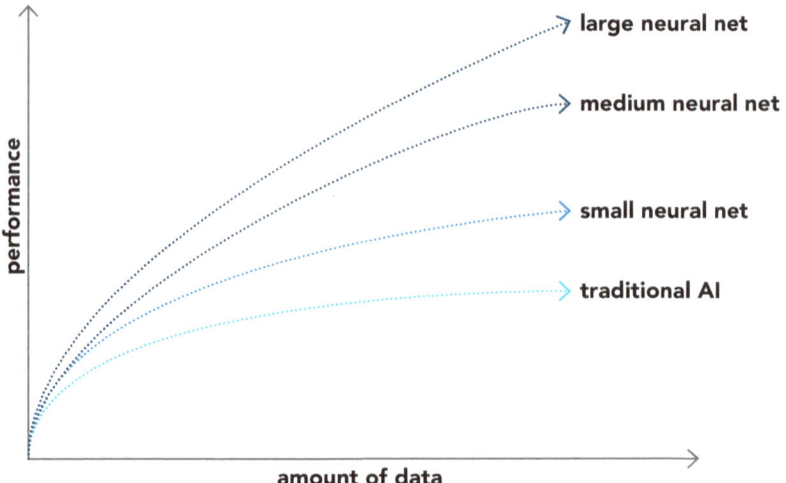

Traditionelle KI-Methoden werden jedoch mit mehr Daten nicht zwingend besser in der Prognose. Es kommt zu einem frühen Abflachen der Lernkurve – auch mit zusätzlichen Daten lernt das System dann nicht mehr dazu. Setzt man jedoch neuronale Netze ein, so zeigt sich, dass, je mehr Daten zur

Verfügung stehen, umso größere neuronale Netze trainiert werden können, welche eine immer bessere Prognosefähigkeit besitzen.

Die erste Voraussetzung für stetig steigende Leistungen von KI-Systemen ist also die vorhandene Menge an Daten.
Neuronale Netze in der heutigen Größenordnung benötigen jedoch immense Rechenleistung während des Trainingsprozesses. Erst durch den Einsatz spezieller Hardware wie GPUs und TPUs wurde es möglich, immer größere neuronale Netze mit Millionen von Knoten erfolgreich zu trainieren.

Während in der Vergangenheit für unterschiedliche Machine-Learning-Problemstellungen unterschiedliche Algorithmen verwendet wurden, zeigte sich, dass tiefe neuronale Netze für praktisch alle Anwendungsfelder geeignet sind.

MACHINE LEARNING VS. DATA SCIENCE

Der Harvard Business Review krönte den Data Scientist zum „most sexiest job of the 21th century". Doch worin besteht nun der Unterschied zwischen Machine Learning und Data Science? Und ist Machine Learning weniger sexy als Data Science?

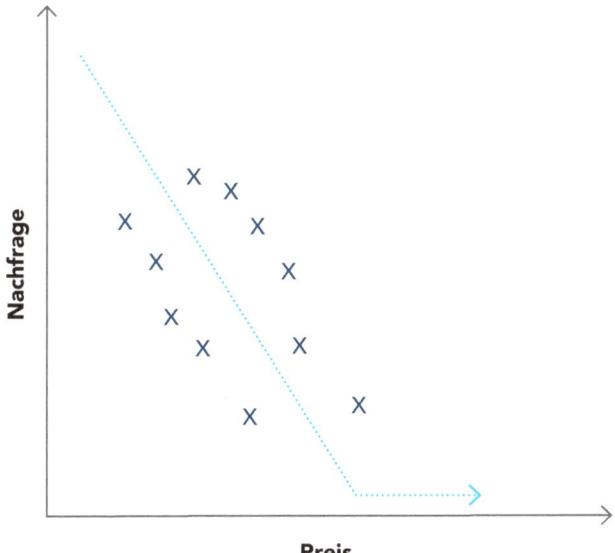

Angenommen wir haben ein Set an Daten über Hausverkäufe. Wir wissen für jeden einzelnen Datensatz, wie groß das Haus war, wann es zuletzt renoviert wurde, wie viele Schlafzimmer und Bäder es bietet und natürlich zu welchem Preis es verkauft wurde.

Wir könnten mit diesem Datenset ein Mapping von Input zu Output erstellen. Input sind alle vom Objekt bekannten Kennzahlen und Output ist der erzielte Preis. Dieses Modell könnten wir in eine Mobile-App packen und vertreiben. Immobilienbesitzer können dann mithilfe der App den Verkaufspreis ihrer Immobilie ermitteln.

Dieses Projekt würde recht klar in den Bereich „Machine Learning" fallen. Es wird ein IT-System entwickelt, das auf Basis von vorliegenden Daten, ein Mapping A → B erlernt.

Wir könnten jedoch unser Datenset auch noch tiefgreifend analysieren, um weitere Erkenntnisse über mögliche Zusammenhänge zwischen Inputfaktoren und Output herauszuarbeiten. Wir könnten vielleicht auf folgenden Zusammenhang stoßen: „Bei etwa gleicher Nutzfläche erzielen Häuser mit 2 oder mehr Bädern durchschnittlich einen 15% höheren Verkaufspreis."

Auf Basis solcher Erkenntnisse könnten wir Schlüsse ziehen, um unseren geplanten Hausverkauf zu optimieren. Etwa einen Raum in ein Bad umwandeln, um einen höheren Verkaufspreis zu erzielen.

Ein solches Projekt fällt klar in die Kategorie „Data Science", in der ein Datenset auf verborgene Zusammenhänge untersucht wird. Diese Erkenntnisse bieten uns Unterstützung für weitere Entscheidungen – etwa, ob es wirtschaftlich sinnvoll ist, das Haus vor dem Verkauf zu renovieren.

Machine-Learning-Projekte zielen meist auf die Erstellung von laufender Software mit KI-Unterstützung ab, während Data-Science-Projekte auf den tiefgreifenden Erkenntnisgewinn aus Datensets abzielen.

DEEP LEARNING

Ein anderer Begriff für den Einsatz neuronaler Netze ist „Deep Learning". Der Begriff an sich ist vielmehr ein Marketingbegriff, da sich „Deep Learning" leichter vermarkten lässt als die etwas schwerfällige Bezeichnung „neuronale Netze".

Deep Learning ist sozusagen jenes Blackbox-Element, das für das Mapping von Input auf Output zuständig ist. Aktuell besteht dieses Element aus großen (= tiefen) neuronalen Netzen. Diese Tiefe (bzw. Größe) des neuronalen Netzes bezeichnet das Attribut „deep".

Nehmen wir folgendes Beispiel an: Wir betrachten einen Wiederverkäufer für T-Shirts. Um einen idealen Preis zu prognostizieren, könnte man ein Datenset generieren, das die Anzahl absetzbarer Produkte in Abhängigkeit vom Preis beinhaltet.

Wir gehen davon aus, dass mit steigendem Preis der Absatz sinkt – jedoch nicht weniger als 0 Stück abgesetzt werden können. Was wir nun suchen, ist also ein Mapping von A (Höhe des Preises) auf B (Höhe des möglichen Absatzes).

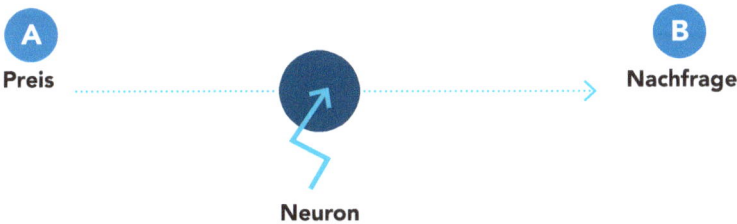

Die blaue Linie in obiger Abbildung könnte nun das einfachste neuronale Netz darstellen, um dieses Mapping zu modellieren. Die einfachste Funktion, die unser Datenset am besten annähert, scheint also eine lineare Funktion zu sein. Im Sinne von neuronalen Netzen stellt der dunkelblaue Kreis in obiger Abbildung ein Neuron bzw. einen Knoten in einem Netz dar, der genau diese lineare Funktion berechnet.

Natürlich könnten wir nun auch andere Faktoren für die Berechnung des Preises berücksichtigen – wie etwa Versandkosten, Materialqualität, Marketingausgaben, etc. Diese Faktoren würden dann natürlich neben dem Preis ebenfalls die Nachfrage beeinflussen.

Um alle diese Faktoren berücksichtigen zu können, kommen wir nicht mehr mit einem Netz mit nur einem Knoten aus. Wir benötigen mehrere Knoten, zumal auch jeder dieser Faktoren, die Nachfrage in einem anderen Ausmaß beeinflussen wird.

Ein wesentlicher Faktor für den möglichen Absatz ist die Leistbarkeit der Bekleidung. Diese wird hauptsächlich durch Preis und Versandkosten beeinflusst. Damit wir jedoch überhaupt einen Absatz über den Webshop generieren können, benötigen wir Besucher auf unserer Webseite.

Die öffentliche Wahrnehmung (Awareness) trägt also auch sicher zu einem gesteigerten Absatz bei. Awareness wird wiederum durch Marketingmaßnahmen beeinflusst. Ähnlich verhält es sich mit der durch unsere Kunden wahrgenommenen Qualität. Diese setzt sich aus Preis, Erfolg der Marketingmaßnahmen und der tatsächlichen Materialqualität zusammen.

Die Summe aus diesen drei zusätzlichen Knoten Leistbarkeit/Affordability, Wahrnehmung/Awareness und gefühlte Qualität/Perceived Quality bestimmen unseren Ausgangswert, den möglichen Absatz.

In diesem neuronalen Netz haben wir durch diese drei Knoten nun eine zusätzliche Schicht eingeführt, die innerhalb („versteckt") des Netzes liegt (= Hidden Layer).

Das neuronale Netz lernt nun die Gewichtung der einzelnen Input-Features auf das Ergebnis aus den vorliegenden Beispielen. Natürlich werden diese Netze deutlich mehr Knoten und Schichten einsetzen, als in obigem Beispiel skizziert sind.

Gelegentlich spricht man auch von „Artificial Neural Networks", um den Unterschied zur biologischen Funktionsweise des Gehirns klarzustellen.

Auch wenn gerne die Analogie zwischen neuronalen Netzen und dem menschlichen Gehirn gezogen wird, so sei an dieser Stelle darauf verwiesen, dass die Prozesse im menschlichen Gehirn weitaus komplexer und bei weitem noch nicht verstanden sind. Aus diesem Grund wollen wir die Analogie auch nicht weiterverwenden.

DATEN

Jeder spricht von Daten, jeder produziert Daten – ob er will oder nicht. Aber was sind eigentlich Daten?

Daten sind vielfach sehr stark auf das eigene Unternehmen und Geschäftsmodell bezogen und können daher auch nicht einfach für andere Zwecke eingesetzt werden. Angenommen ein Immobilienmakler sammelt Daten über Hausverkäufe in einer ländlichen Region. Das Unternehmen baut eine umfassende Datensammlung auf, mit der von bestimmten Eigenschaften der Immobilie (Nutzfläche, Anzahl Bäder, Anzahl Schlafräume, Baujahr, etc.) mit hoher Wahrscheinlichkeit der mögliche Verkaufspreis geschätzt werden kann.

Obgleich wir nun auf der Basis dieser Daten ein KI-System zur Ermittlung möglicher Verkaufspreise erstellen könnten, wird unser System im engeren Umfeld einer Metropole wahrscheinlich sehr schlecht arbeiten, da die zugrundeliegenden Daten allesamt aus dem ländlichen Umfeld stammen.

Wie kommt man also an verwendbare Daten?
Der direkte Weg, um an Daten, die die Basis für ein KI-System bilden können, zu kommen, lautet: manuelles Klassifizieren. In der Produktion werden Fotos aller erzeugten Güter angefertigt. Diese werden einem Mitarbeiter der Qualitätssicherung vorgelegt und dieser entscheidet für jedes Foto, ob das abgebildete Produkt verkauft werden kann oder ob es sich um Ausschussware handelt.

Leichter kommt man zu Daten, dort wo sie ohnehin produziert werden. Betreibt das Unternehmen etwa einen Webshop, so können über jeden Besucher im Shop sehr genaue Daten über das Nutzerverhalten vollkommen automatisiert erhoben werden.

36,8 Mrd. US-Dollar

Bis zum Jahr 2025 werden durch KI-Systeme weltweit über 36,8 Mrd. US-Dollar Umsatz generiert werden.

KI FACTS

In der industriellen Produktion erzeugen Maschinen laufend Zustandsdaten. Diese Daten können gespeichert werden und für die Berechnung von Ausfallwahrscheinlichkeiten verwendet werden. Aus diesen Daten können die Werte verschiedenster Sensoren ausgelesen werden. Zusätzlich weiß man, ob dieser Zustand zu einem Ausfall der Maschine geführt hat oder nicht.

3000 Start-ups

Über 3000 innovative Start-ups sind auf Crunchbase im Bereich künstlicher Intelligenz gelistet.

KI FACTS

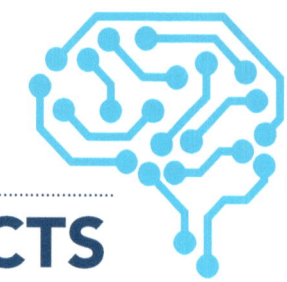

Künstliche Intelligenz bzw. Artificial Intelligence und Machine Learning bezeichnen unterschiedliche Konzepte. KI bedeutet, dass ein **Programm selbständig qualifizierte Entscheidungen treffen** kann. Künstliche Intelligenz ist ein breites Forschungsgebiet und wird seit etwa den 1950er Jahren bearbeitet.

Machine Learning ist ein Werkzeug innerhalb eines breiten Werkzeugkastens für künstliche Intelligenz. Mit Hilfe von Machine Learning können **Algorithmen** (Computerprogramme) **aus Beispieldaten lernen**, in bislang unbekannten Situationen Entscheidungen zu treffen. Die am häufigsten eingesetzte Algorithmengruppe im Machine Learning heißt **Supervised Learning**. Bei diesem Ansatz werden dem Algorithmus Beispiele von Aufgaben (z.B. Bilder) und die dazu passenden Lösungen (Beschreibung des Bildinhalts) während einer Trainingsphase präsentiert. Dieser Trainingsprozess wird auch als Erstellung eines ML-Modells bezeichnet. Dieses Modell ist danach in der Lage, **selbständig Entscheidungen** für ähnliche – aber bislang unbekannte – Problemstellungen zu treffen.

Machine Learning

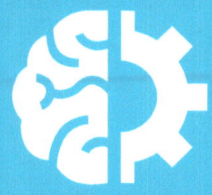

Mit diesem Datensatz kann nun ein KI-System in Form eines A>B Mappings modelliert werden. A ist das Set von Messwerten aus den Sensoren und B ist die Klassifizierung, ob die Maschine ausgefallen ist oder nicht. So kann mittels KI in Zukunft eine bedarfsorientierte, vorausschauende Wartung an der Maschine veranlasst werden, um mögliche Stillstandzeiten durch Ausfall zu reduzieren bzw. zu minimieren.

Natürlich gibt es inzwischen auch schon eine Vielfalt an frei oder kommerziell verfügbaren Datensammlungen, die für das Erstellen von KI-Systemen verwendet werden können.

Use und Miss-Use von Daten

Doch aus Daten allein kann nicht automatisch auch eine erfolgreiche KI-Transformation im Unternehmen durchgeführt werden. Insbesondere in der Nutzung bzw. schlechten Nutzung von Daten liegen vielerorts Fallstricke versteckt.

> Wir haben so viele Daten in unserem Unternehmen gesammelt. Diese müssen nur einem KI-Team übergeben werden. Das KI-Team macht diese Daten dann wertvoll.

Eine mögliche falsche Annahme lautet: „Wir haben so viel Daten in unserem Unternehmen gesammelt. Diese müssen nur einem KI-Team übergeben werden. Das KI-Team macht diese Daten dann wertvoll." Dieses Vorgehen kann – muss aber nicht – funktionieren. In der Regel sind mehr Daten für KI sinnvoll, doch nur weil ich viele Terabytes an Daten gesammelt habe, können diese nicht zwingend sinnvoll für KI eingesetzt werden. Im schlimmsten Fall werden andere Unternehmen nur wegen deren Daten aufgekauft, um im Endeffekt erkennen zu müssen, dass deren Daten für die geplanten KI-Ziele wertlos waren.

Im umgekehrten Fall könnte man folgende Aussagen treffen: „Unsere IT im Unternehmen arbeitet perfekt. Gib uns einfach nur 3 Jahre und wir werden das perfekte Datenset für KI-Ziele aufbauen." Wir raten ausdrücklich von dieser Strategie ab, da sie möglicherweise Zeitverschwendung darstellt. Sobald eine respektable Menge an Daten gesammelt wurde, sollte das KI-Team eingebunden werden. Gemeinsam kann dann die Qualität der Daten analysiert werden und ein Plan für das weitere Vorgehen oder erste KI-Pilotprojekte definiert werden.

Allgemein gilt festzuhalten, dass eine frühe und laufende Integration des KI-Teams bereits in der Phase der Datensammlung und -aufbereitung ein wesentlicher Treiber für die erfolgreiche Umsetzung des KI-Transformationsprozesses im Unternehmen darstellt.

2
DER EINSATZ KÜNSTLICHER INTELLIGENZ AUS EINER HISTORISCHEN PERSPEKTIVE

Um zu verstehen, wie KI Unternehmen verändert, ist es wichtig, zu verstehen, wie das Internet Unternehmen verändert hat.

Viele Unternehmen scheiterten an der Umsetzung und Implementierung der neuen Technologie „Internet". Warum?
Eine einfache Gleichung summiert die Gründe:

Einkaufszentrum   **Website**   **Internet-Company**

Auch wenn das Einkaufszentrum über die Website tatsächlich Produkte verkauft hat, hat dies das Einkaufszentrum nicht automatisch in eine „Internet-Company" transformiert. Eine „Internet-Company" organisiert ihr Geschäftsmodell rund um die Möglichkeiten, die durch das Internet zur Verfügung gestellt werden.

Anders ausgedrückt: Amazon ist mehr als nur ein Einkaufszentrum mit einem Webshop. Amazon zentriert alle seine Prozesse auf das, was mithilfe des Internets schneller und leichter umsetzbar ist.

Ein klar auf das Internet fokussiertes Unternehmen setzt z.B. auf A/B-Testing und zeigt routinemäßig zwei Varianten der Website (bzw. Produktpräsentation) an. Jene, die bei den Nutzern besser ankommt, setzt sich langfristig durch. Einem physischen Kunden können nicht unterschiedliche Ladendekorationen und Ausstattungen gleichzeitig präsentiert werden (von dem Bau des Einkaufszentrums in zwei Paralleluniversen einmal abgesehen).

Werden Services über das Internet angeboten, können viel schneller neue Produktvariationen ausgeliefert werden, als dies in einem herkömmlichen Geschäft möglich wäre.

Facebook nutzt ML-Algorithmen zur Auswahl der angezeigten News.

KI FACTS

Von digitalen Produkten können viel schneller neue Modelle vertrieben werden. Es könnte jeden Tag eine neue Variante des Produkts an die Kunden ausgerollt werden.

Internet Era

Einkaufszentrum + Website ≠ Internet-Company

- A/B Tests
- Kurze Iterationszyklen
- Entscheidungsfindung durch Techniker

AI Era

klassisches Unternehmen + Deep-Learning-Technologie ≠ KI-Unternehmen

- Strategische Datenakquise

Internetzentrierte Unternehmen neigen zu einer Verschiebung der operativen Entscheidungskompetenz weg vom CEO hin zum ausführenden Techniker und Produktmanager. Denn nur diese können mit Fachwissen schnell Entscheidungen treffen.

Bei kurzen Iterationszyklen ist die Geschwindigkeit auch in der Entscheidungsfindung ein wesentlicher Erfolgstreiber. Der CEO gibt in diesem Fall nur die strategische Stoßrichtung vor. Die konkrete Umsetzungsplanung erfolgt durch direkte Entscheidungskompetenz.

Mit dem Aufstieg von künstlicher Intelligenz – insbesondere Deep Learning – erleben wir nun gewisse Parallelen zum „Internet-Age".

Heute können wir die Gleichung folgendermaßen formulieren:

klassisches Unternehmen   **Deep-Learning-Technologie**   **KI-Unternehmen**

Auch heute kann natürlich jedes Unternehmen Daten generieren und speichern und dann einige neuronale Netze einsetzen. Doch dies allein macht kein KI-getriebenes Unternehmen aus.

Um ein großartiges KI-Unternehmen zu werden, müssen die Prozesse rund um die Möglichkeiten, die der KI-Einsatz bietet, organisiert werden. Man muss als erstes die Frage stellen: „Machen wir jene Dinge, für die KI das Öl, den Katalysator darstellt?"

KI-getriebene Unternehmen haben etwa die strategische Generierung von Daten perfektioniert, beispielsweise durch das Anbieten von kostenlosen Produkten.

Derartige Produkte liefern keinen monetarisierten Geschäftswert, erzeugen jedoch qualitativ hochwertige Daten, die in anderen, monetarisierten Bereichen erfolgreich eingesetzt werden können.

Um solche Produkte planen und umsetzen zu können, muss jedoch schon im Vorfeld klar sein, welche Daten die kostenlosen Dienste sammeln sollten. Dafür braucht es bereits im Vorfeld eine klare Datenstrategie.

Um Daten erfolgreich verwenden zu können, muss auch auf strategischer Ebene klar sein, woher die Daten kommen. Existieren im Unternehmen über 50 parallele Datenbanken (bzw. 50 verschiedene Data-Warehouses), die möglicherweise auch noch 50 unterschiedlichen Abteilungsleitern unterstellt sind, so ist es denkbar schwer, über alle vorhandenen Daten Analysen und Auswertungen zu aggregieren.

Auch der beste Data Scientist wird an der Aufgabe scheitern, verborgene Zusammenhänge zu analysieren und auszuwerten. Großartige KI-Unternehmen sind in der Lage, diese Data-Warehouses in eine einzige Datenbank einfließen zu lassen, sodass der „Datenschatz" im Unternehmen auch gehoben werden kann.

Doch nicht nur die Daten selbst machen erfolgreiche KI-Unternehmen aus: Sie sind auch in der Lage, Potential für Automatisierung durch KI frühzeitig zu erkennen. Eine derartige Automatisierung stellt Mitarbeiter von Routineaufgaben frei und kann den Durchlauf von Geschäftsprozessen beschleunigen. Aus diesen Gründen finden wir in KI-getriebenen Unternehmen auch viele neue Stellenprofile wie: MLE (Machine Learning Engineer) oder CAIO (Chief Artificial Intelligence Officer).

Was braucht es also, damit ein Unternehmen, ein erfolgreiches, KI-getriebenes Unternehmen werden kann:

- **Ressourcen**, um systematisch KI-Projekte anzustoßen, die in der Lage sind, einen Geschäftswert zu generieren.

- Ausreichendes **Verständnis über KI-Technologien:** Das Unternehmen sollte über ausreichend technisches Verständnis über die Möglichkeiten und Einschränkungen des KI-Einsatzes verfügen.

- **Strategische Richtungsvorgabe:** Die Unternehmensstrategie ist entsprechend an den Einsatz von KI angepasst, um in einer KI-gesteuerten Zukunft als Unternehmen bestehen zu können.

Dieser Transformationsprozess braucht eine Steuerungsvorgabe. Das Unternehmen muss sich auf jene Möglichkeiten konzentrieren, die durch KI beschleunigt werden können. Auch jene Unternehmen, die heute als Leuchttürme KI-getriebener Unternehmen gelten wie „Google", „Microsoft", „Baidoo", „Facebook", waren vor 10 Jahren noch nicht auf jenem Niveau, das sie heute erreicht haben.

Die KI-Transformation verlangt nach einem konsequenten, moderierten Transformationsprozess. Aus unserer Erfahrung heraus, haben wir einen fünfstufigen Transformationsprozess entwickelt, der Unternehmen hilft, erfolgreichen KI-Einsatz umzusetzen.

31 Mrd. Geräte

31 Milliarden Geräte weden bis zum Jahr 2020 im Internet of Things (IoT) verbunden sein.

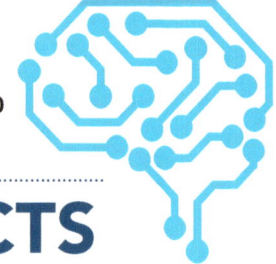

KI FACTS

Deep Learning ist ein spezieller Anwendungsfall von Machine Learning. Bei Deep Learning kommen **neuronale Netze** für das Modell zum Einsatz. Aufgrund der heute vorhandenen Menge an Daten und der verfügbaren Rechenkapazität können auch sehr umfangreiche neuronale Netze erstellt und berechnet werden. Der Begriff „neuronale Netze" stammt von der ursprünglichen Ableitung der Funktionsweise des menschlichen Gehirns, in dem Informationen zwischen neuronen (= Knoten) verschickt werden. Inzwischen weiß man jedoch, dass das menschliche Gehirn deutlich komplexer ist, weshalb die Analogie zum Gehirn nicht mehr sinnvoll ist. Aus diesem Grund und der stetig wachsenden Größe der eingesetzten neuronalen Netze formierte sich der Begriff „Deep Learning". Tiefe neuronale Netze sind in der Lage, auch **komplexe Zusammenhänge zu erlernen**. Beispielsweise wurden Deep Nets im Projekt alphaGo von Google DeepMind eingesetzt. Das entwickelte System konnte den Weltmeister Lee Sedol im komplexen Brettspiel „Go" schlagen. Dieses Spiel ist aufgrund der möglichen Entscheidungen so komplex. Bei „Go" gibt es mehr mögliche Positionen auf dem Spielfeld, als es Atome im gesamten Universum gibt.

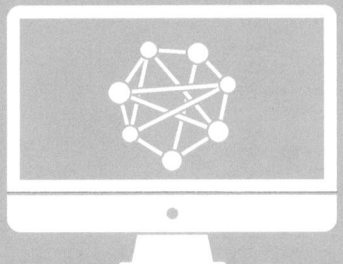

Deep Learning

3

WAS MIT KI MÖGLICH IST UND WAS NICHT

Aufgrund des aktuellen Hypes rund um künstliche Intelligenz wird diese häufig über- oder unterschätzt. Wichtig ist, unterscheiden zu können, was KI kann und was nicht. Insbesondere bei KI-Pilotprojekten sollte vor Beginn des Projekts eine „technische Due-Diligence-Prüfung" durchgeführt werden und das Projekt auf Machbarkeit hin untersucht werden. Dieser Prozess kann wenige Tage bis Wochen in Anspruch nehmen, liefert jedoch wertvolle Hinweise in Hinblick auf eine seriöse Erwartungshaltung.

> **Wird KI überschätzt, besteht oft der Glaube, es könne jedes Problem mittels KI gelöst werden.**

Wird KI überschätzt, besteht oft der Glaube, es könne jedes Problem mittels KI gelöst werden. Diese falsche und übersteigerte Erwartungshaltung führt dann zu Misserfolgen. Diese können dazu führen, dass das Pendel in die Gegenrichtung ausschlägt und KI für ein reines Buzzword gehalten wird, das keinen Mehrwert liefern kann.

Unterstützt wird eine falsche Erwartungshaltung zusätzlich durch die Berichterstattung in populär und akademischer Literatur, die nur von erfolgreichen Projekten berichtet. Misserfolge werden selten publiziert.

Eine Daumenregel in Hinblick auf die mögliche Leistungsfähigkeit von KI lautet: Mittels Supervised-Learning-Algorithmen können jene Problemstellungen leicht gelöst werden, die auch von menschlichen Anwendern in wenigen Sekunden oder Augenblicken entschieden werden können.

> **Mittels supervised learning Algorithmen können jene Problemstellungen leicht gelöst werden, die auch von menschlichen Anwendern in wenigen Sekunden oder Augenblicken entschieden werden können.**

In der Produktion kann ein Mitarbeiter sehr schnell entscheiden, ob das produzierte Gut verkauft werden kann oder während des Produktionsprozesses beschädigt wurde und daher als Ausschuss zählt. Diese Entscheidung kann auch mittels KI zuverlässig implementiert werden.

Eine umfassende Marktanalyse in Hinblick auf das Potential für ein neues Produkt zu erstellen ist jedoch eine Aufgabe, für die auch ein erfahrener Mitarbeiter einige Zeit zur Umsetzung benötigt. Diese Aufgabenstellung ist mit heutiger KI-Technologie nicht oder nur wenig zufriedenstellend zu erledigen.

Ein anderes Beispiel ist die automatisierte Antwort auf Kunden-Mails. In diesem Fall könnten wir wahrscheinlich ein KI-System bauen, das einigermaßen plausible Antworten generiert, wenn ausreichend viele Daten zur Verfügung stehen. Das System bekäme als Input den Text der E-Mail vom Kunden und liefert als Output den Text für die Antwort.

Die KI wird wahrscheinlich herausfinden, dass der Text „Vielen Dank für Ihre Anfrage" in sehr vielen Antworten enthalten ist. Daraus leitet das System ab, dass dieser Text mit hoher Wahrscheinlich in vielen Situationen adäquat erscheint. Grundsätzlich kein schlechter Ansatz, doch im täglichen Einsatz wird dieses System unbrauchbar sein. Im Gegenteil, da ohnehin schon verärgerten Kunden keine Lösung zu ihrem Problem angeboten wird, werden diese noch mehr verärgert sein.

Auch hier kann man die oben genannte Daumenregel anwenden. Jeder, der schon einmal in der Lage war, unangenehme E-Mails von Kunden beantworten zu müssen, so dass der verärgerte Kunde am Ende zu einem zufriedenen Kunden wird, weiß wie schwierig die Formulierung einer derartigen E-Mail ist. Dies ist keine Aufgabe, die von einem menschlichen Anwender binnen weniger Sekunden erledigt werden kann.

Geht es jedoch nur um die Klassifizierung von E-Mails – also darum, ob es sich um eine Reklamation, eine Bestellung, eine Angebotsanfrage, etc. handelt – kann die Aufgabe von einem Menschen sehr schnell erledigt werden. Und in der Tat kann auch ein KI-System diese Aufgabe recht rasch und zuverlässig durchführen. Auch hier zählt wieder die Daumenregel, dass auch ein Mensch diese Aufgabe sehr schnell lösen könnte.

Auch wenn KI die Gesellschaft so verändern wird, wie es vor langer Zeit die Elektrizität tat, ist noch lange nicht jede Aufgabe mittels künstlicher Intelligenz lösbar.

Während ein System für autonomes Fahren heute sehr gut navigieren kann und Fahrzeuge sicher durch den Straßenverkehr navigiert, wird es sehr schlecht in der Interpretation von Gesten anderer Verkehrsteilnehmer sein. Die Geste an sich kann mittels Bilderkennung erkannt werden, doch wird KI in einer überwiegenden Anzahl an Fällen bei der Interpretation scheitern.

Zur Schwierigkeit dieser Aufgabe trägt die hohe Anzahl möglicher Gesten und Absichten dahinter bei. Der Radfahrer, der die linke Hand hebt, zeigt an, dass er links abbiegen möchte. Der Autofahrer, der die linke Hand hebt, möchte möglicherweise seinen Unmut über andere Verkehrsteilnehmer ausdrücken.

Gleichartige, wiederkehrende Aufgaben können sehr gut durch KI unterstützt werden. Im medizinischen Umfeld etwa ist die Auswertung bildgebender Diagnostik eine Aufgabe, die heute schon im großen Stil durch KI unterstützt wird. Ein KI-Team sollte relativ leicht eine Software bauen können, die eine Lungenentzündung auf Röntgenbildern diagnostizieren kann. Eine weitaus schwierigere Aufgabe wäre, ein System zu entwickeln, das mithilfe eines medizinischen Buchs auf Basis von einigen wenigen Bildern und Texten lernt, Lungenentzündungen selbstständig erkennen zu können.

47 %

Nur 47 Prozent aller Digitalunternehmen haben eine dedizierte KI-Strategie.

Facebook nutzt ML-Algorithmen zur Auswahl der angezeigten News.

KI FACTS

4

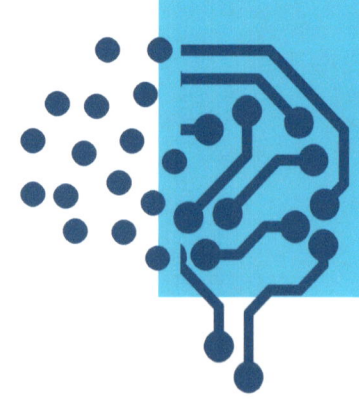

**DIE KI-TRANSFORMATION
IHRES UNTERNEHMENS**

Wir begleiten Unternehmen während des gesamten Transformationsprozesses in Richtung künstlicher Intelligenz über **folgende Stufen:**

1. **KI-Pilotprojekte**
2. **Aufbau eines Inhouse-KI-Teams**
3. **Erarbeiten einer langfristigen KI-Strategie**
4. **Internes KI-Training**
5. **Entwicklung der internen und externen Kommunikation**

1. KI-PILOTPROJEKTE

Um KI im Unternehmen langfristig erfolgreich einzusetzen, ist es wichtig, erste Pilotprojekte mit klar abgestecktem Umfang und Ziel zu starten. Weniger die Transformation des gesamten Unternehmens, als vielmehr der kurzfristige Umsetzungserfolg zählt für diese Pilotprojekte. Inhaltlich sollten Pilotprojekte so gewählt sein, dass sie ausreichenden Erfolg für die Kommunikation im Unternehmen ermöglichen.

Pilotprojekte ermöglichen:
- ein erstes **Herantasten** an das Thema KI in Ihrem Unternehmen
- eine **Sensibilisierung der Mitarbeiter** in Bezug auf den Einsatz von KI
- **erfolgreiche Überzeugungsarbeit** im Unternehmen in Hinblick auf die Einführung von KI zu betreiben

Daher sollten **Pilotprojekte** inhaltlich nicht trivial gewählt sein, um dem KI-Team die Möglichkeit zu geben, das **Potential von KI im Unternehmen aufzuzeigen.**

Mögliche **Charakteristika eines ersten Pilotprojekts zur KI-Transformation:**

- Idealerweise ist das Thema so gewählt, dass externe KI-Experten bereits nach 6 bis 12 Monaten Projektlaufzeit gemeinsam mit den internen Fachexperten ein erfolgreiches Projektergebnis vorzeigen können. Auf diese Weise ermöglicht das Projekt eine Annäherung der KI-Experten (mit wenig domänen-spezifischem Fachwissen) an die Experten aus der Fachabteilung (mit wenig Wissen über Möglichkeiten und Umsetzung von KI).

- Das geplante Projektziel sollte technisch erreichbar sein. Oftmals werden KI-Projekte mit einer Erwartungshaltung gestartet, die aktuell verfügbare Technologie nicht leisten kann. Ein KI-Experte kann im Rahmen einer Due-Diligence-Prüfung des geplanten Projekts helfen, eine realistische Erwartungshaltung aufzubauen, die in der geplanten Zeit erreicht wird.

- Vor der Umsetzung des Projekts muss ein klar definierter „Business-Value" des Projektergebnisses erarbeitet werden. Wird dieser Schritt übersprungen, läuft man Gefahr, dass das Projekt zum „Sandkasten der Techniker" wird. Es werden prototypische, technisch ansprechende Möglichkeiten getestet, die jedoch keinen zusätzlichen Wert für den bearbeiteten Geschäftsbereich liefern.

Ein gutes Beispiel für ein erfolgreiches KI-Pilotprojekt stellt die Umsetzung von Deep-Learning-Methoden bei Google dar.

Dieses erste Projekt mit Deep Learning startete bei Google im „Google Speech" Team. Ziel des Projekts war es, die Genauigkeit der Spracherkennung mithilfe von Deep-Learning-Technologien zu steigern. Dieser Geschäftsbereich gehörte nicht zu jenen, mit denen der größte geschäftliche Wert generiert wird – hier wäre der Bereich der Werbung deutlich interessanter gewesen. Doch der enorme Projekterfolg in diesem abgesteckten Bereich half, die Skepsis zu überwinden und Deep Learning auch auf weitere Bereiche im Unternehmen anzuwenden.

Das wichtigste Ziel eines derartigen Pilotprojekts – der Aufbau von Momentum im Hinblick auf die KI-Transformation – war geschafft und der Weg zu Projekten in wirtschaftlich bedeutenderen Geschäftsbereichen war geebnet.

2. AUFBAU EINES INHOUSE-KI-TEAMS

Steht man als Unternehmen an der Schwelle zu KI-Transformation, macht es Sinn, externe Experten mit umfassendem Know-how im Bereich künstliche Intelligenz als Katalysatoren heranzuziehen. Insbesondere, um die erfolgreiche Planung und Umsetzung von Pilotprojekten sicherstellen zu können, sollte unbedingt auf Fachexperten zurückgegriffen werden.

Langfristig wird die KI-Transformation jedoch nur über den Aufbau einer KI-Kompetenz im Unternehmen selbst gelingen. Die KI-Dimension muss klar auf Ebene der Geschäftsleitung etabliert werden. Die Implementierung eines C-Level AI-Directors (CAIO – Chief AI Officer) ermöglicht, einerseits die Tragweite der KI-Transformation aufzuzeigen und andererseits die Umsetzung einer AI-Strategie zu garantieren, die zu einer gebündelten Wertsteigerung für das Unternehmen führt.

Für eine derartig aufgebaute KI-Abteilung sollten folgende Verantwortungsbereiche definiert werden:

- Aufbau von KI-Fachwissen und Projekten mit Fokus auf den gesamten Wertschöpfungsprozess im Unternehmen
- Unterstützung und Durchführung verschiedener fachbereichsübergreifender Pilotprojekte, die mehrere Geschäftseinheiten unterstützen
- Nach Abschluss der Pilotprojekte, gilt es, gemäß der KI-Strategie, entsprechende Projekte zu planen und zu koordinieren
- Aufbau von gemeinsamen Standards für Mitarbeiteranforderungen im Bereich KI
- Planung eines an die KI-Transformation angepassten Recruitingprozesses

Bei einem Organisationsaufbau über mehrere Geschäftsbereiche sollte die AI-Einheit im Sinne einer Matrix-Projektorganisation im Rahmen von fachbereichsübergreifenden Projekten das KI-Wissen einfließen lassen.

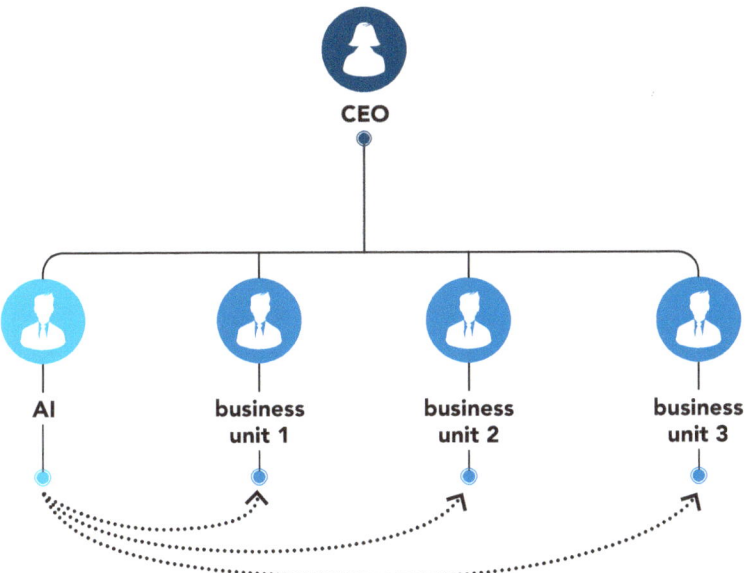

Aus diesen Erfahrungen heraus werden neue Tätigkeitsprofile und Aufgabenbereiche entstehen. Ebenso gilt es, die bestehende Recruitingstrategie im Unternehmen anzupassen.

Mögliche **Tätigkeitsprofile in einer KI-Einheit** sind:

- **Machine Learning Engineer:** Entwicklung von KI-Software-Anwendungen. Einsatz der aktuellen Methoden und Algorithmen, um die bestmöglichen Modelle trainieren zu können.

- **Data Engineer:** Je mehr Daten gespeichert werden sollen, umso größer sind die Anforderungen an die entsprechende Infrastruktur. Die Daten sollen kostengünstig gespeichert und schnell abrufbar sein. Aufgabe des Data Engineers ist die Planung, Umsetzung und laufende Überwachung einer geeigneten Infrastruktur.

- **Data Scientist:** Der Data Scientist durchforstet die Datenbestände nach versteckten Zusammenhängen. Er findet Indizien für Zusammenhänge, stellt Hypothesen auf und prüft diese. Als Ergebnis liefert er eine Zusammenfassung der Erkenntnisse aus dem Datenbestand, auf Basis derer Prozesse beschleunigt oder Umsatz gesteigert werden kann. Die Ergebnisse der Arbeit vom Data Scientist stellen vielfach die Ausgangsbasis für eine Umsetzung einer Machine Learning Anwendung dar.

- **KI-Produktmanager:** Aufgabe eines KI-Produktmanagers ist zu entscheiden, welche Projekte zur Erweiterung eines KI-Services umgesetzt werden sollen. Dafür ist ein umfassendes Wissen über den Markt und technisches Know-how über KI erforderlich. Der KI-Produktmanager muss also sowohl über profunde technische Kenntnisse, wie auch über wirtschaftliche Zusammenhänge tiefgreifend Bescheid wissen.

Diese Aufteilung stellt nur eine mögliche – eher allgemeine – Segmentierung der Anforderungen aus dem KI-Bereich dar und muss natürlich für den konkreten Einsatz im Unternehmen angepasst und mit einem geeigneten Anforderungsprofil hinterlegt werden.

Aufgabe eines CAIO im Unternehmen ist daher auch die personelle Planung des KI-Einsatzes im Unternehmen und die Sicherstellung eines Kompetenzaufbaus. Der momentan herrschende „War of Talents" im KI-Bereich erschwert das Recruiting zusätzlich. Insbesondere im DACH-Raum herrscht aktuell eine prekäre Situation. Gut ausgebildete ML- und Data-Science-Experten werden vielfach ins Ausland abgeworben und erhalten oft schon vor Abschluss der Ausbildung lukrative Angebote.
Die Möglichkeit, auf das Netzwerk eines externen KI-Beraters im Rahmen des Bewerbungsprozesses zurückgreifen zu können, kann den Aufbau einer KI-Einheit massiv beschleunigen.

Neben dem Zukauf von KI-Wissen durch Einstellung von neuen Mitarbeitern sollte auch eine Strategie zu Aufschulung von bestehenden Mitarbeitern und Vorbereitung für neue Aufgabenbereiche ausgearbeitet werden.

3. ERARBEITEN EINER LANGFRISTIGEN KI-STRATEGIE

Eine fundierte KI-Strategie ermöglicht dem Unternehmen den Aufbau von Business-Value einerseits und Eintrittsbarrieren für Konkurrenten andererseits. Nach den Erfolgen von KI-Pilotprojekten lernen Mitarbeiter mit diesen Hilfsmitteln umzugehen und erkennen das Potential des KI-Einsatzes auch in anderen Geschäftsbereichen.

Aus strategischer Sicht könnte man geneigt sein, mit der Entwicklung einer KI-Strategie zu beginnen. Auf unserer langjährigen Erfahrung basierend, vertreten wir die Ansicht, dass eine vernünftige KI-Strategie erst nach den ersten KI-Projekten erfolgen sollte. Der Fokus ist danach viel klarer und sowohl auf strategischer, als auch auf operativer Ebene werden Einsatzmöglichkeiten und planbare Erfolge durch künstliche Intelligenz deutlicher.

Beginnt man mit der Erstellung der KI-Strategie, so resultiert dies vielfach aus sehr abstrakten, akademischen Strategieentwürfen, die auf operativer Ebene nicht oder lediglich in Teilen umgesetzt werden können. Im schlimmsten Fall erfolgt eine Konzentration rein auf Schlagworte aus den Medien.

Erst nach den ersten praktischen Erfahrungen mit KI-Projekten ist ein Unternehmen in der Lage, eine vitale und umsetzbare KI-Strategie zu formulieren, die dann auch in der operativen Praxis umgesetzt wird und einen tatsächlichen (vor allem messbaren) Mehrwert für das Unternehmen bietet.

Unser Ansatz zum Aufbau einer KI-Strategie:

- **Aufbau von verschiedenen komplexeren KI-Anwendungen, die einer gemeinsamen Strategie folgen.**

  Durch KI können Unternehmen ganz neue Wettbewerbsvorteile aufbauen. Nach Michael Porter können Unternehmen Markteintrittsbarrieren aufbauen, indem mehrere komplexere Assets entlang einer Richtschnur (Strategie) aufgebaut werden. Die Summe dieser einzelnen Assets macht es für Konkurrenten schwierig, das Geschäftsmodell nachzubauen.

- **KI einsetzen, um einen für den jeweiligen Wirtschaftszweig spezifischen Wettbewerbsvorteil aufzubauen.**

  Es macht wenig Sinn, zu versuchen, ein KI-Unternehmen aufzubauen, das allgemeine KI-Services anbietet und damit mit Marktgrößen wie Google oder Microsoft in Konkurrenz tritt. Sinnvoller ist es, KI-Lösungen zu entwickeln, die branchen- bzw. industriebezogen sind.

- **Strategieentwicklung, die dem „Verstärkungszirkel durch KI" folgt.**

  In vielen Industriebereichen kann die geplante und kontrollierte Datenspeicherung zu Potential für neue KI-Anwendungen führen.

Der Verstärkungszirkel von KI-Produkten

Strategisch gut geplante, datengetriebene KI-Produkte entwickeln eine rasche Eigendynamik, die wir als Verstärkungszirkel der KI bezeichnen. Wir adressieren damit folgenden Zusammenhang:

- Ein gut geplantes und umgesetztes Produkt lockt Kunden an.
- Die Kunden verwenden das Produkt, weil es für sie einen Nutzen stiftet und leicht bedienbar ist.
- Aus der Anwendung heraus werden Nutzerdaten generiert.
- Die größere Datenbasis erlaubt es uns, das Produkt weiter zu verbessern.
- Die Produktverbesserungen sprechen wiederum neue Kunden an – der Nutzerkreis wächst.
- Der größere Nutzerkreis erzeugt mehr Daten ...

Auf diese Weise verstärkt sich die Anwendung durch die Nutzung von selbst und erlaubt es dem Unternehmen eine Markteintrittsbarriere aufzubauen, die von anderen Konkurrenten nur schwer aufzuholen ist.

Beispiel: Suchmaschinen wie Google, Bing, etc. bauen eine riesige Datenmenge über das Nutzerverhalten laufend weiter aus (Welche Links wurden bei welchen Schlagwörtern angeklickt? etc.)

Diese Datenbasis wächst laufend und ermöglicht den Betreibern der Suchmaschinen, immer genauere Treffer auf die Suchanfragen zurückzuliefern. Durch die Generierung von neuen Daten kann das Produkt also laufend verbessert werden. Diese Produktverbesserung führt zu mehr Anwendern und die größere Zahl an Anwendern wiederum zu einer größeren Datenmenge. Die größere Datenmenge zu einem besseren Produkt usw.

Aus diesem Grund empfiehlt es sich, bei der Entwicklung von datengetriebenen Anwendungen auf die Besetzung einer bestimmten Nische abzuzielen.

Für diese Nische kann eine Datenbasis aufgebaut werden, die andere Konkurrenten hemmt, ebenfalls diese Nische zu besetzen.

Daten stellen somit das Kernelement jeglicher KI-getriebenen Produkte dar. Neben der KI-Strategie sollte daher auch eine valide Datenstrategie vorhanden sein.

Wesentliche Elemente einer derartigen Datenstrategie könnten sein:

- **Strategische Datenakquirierung:** Je nach Anwendungsgebiet können Datenmengen in der Größenordnung von einigen 100 Datensätzen bis hin zu 100 Millionen Datensätzen als Basis für die Entwicklung von KI-Lösungen verwendet werden. Mehr Daten richten in der Regel auch keinen Schaden an.Woher kommen also die Datensätze? Auf Basis der Datenstrategie sollte klar sein, wo Daten zu welchem Zweck gesammelt werden.

- **Die Quellen der Daten** hängen natürlich sehr stark von der Branche ab. Unternehmen wie Google bieten kostenlose Produkte an, die keinen Gewinn für das Unternehmen erwirtschaften, jedoch wertvolle Daten liefern, die an anderer Stelle bei gewinnbringenden Services verwendet werden können. Auf diese Weise stärken diese Services gemeinsam die KI-Anwendung im Sinne des obigen Verstärkungszirkels.Gibt es im Unternehmens(-verbund) mehrere voneinander unabhängige Datenbasen, so sollten gemeinsame Datawarehouses eingeführt werden. Diese ermöglichen für Data Scientists aus den verteilten Unternehmensdaten wertvolle Informationen und Zusammenhänge zu extrahieren.

- Wichtig im Rahmen der Datenspeicherung ist zu **erkennen, welche Daten einen Geschäftswert darstellen und welche nicht.** Das alleinige Vorhandensein von mehreren Terabytes an Daten bedeutet nicht automatisch, dass ein KI-Team aus diesen Daten Anwendungen erstellen kann, die einen Wettbewerbsvorteil generieren. Diesem Fehler der Datenakquise von schlechten oder gar nutzlosen Daten kann nur durch ein frühes Hinzuziehen von KI-Experten bei der Planung der Datenakquise entgegengewirkt werden.

4. INTERNES KI-TRAINING

Es gibt heute kaum Unternehmen mit ausreichendem Inhouse-Know-how in Hinblick auf Planung, Umsetzung und Controlling einer KI-Transformation.

Eine Möglichkeit, dieser Herausforderung zu begegnen, ist es, auf digitale Trainingsinhalte bei der Planung von betrieblicher Weiterbildung zu setzen. Experten ergänzen in Präsenzeinheiten die Wissensvermittlung.

Künstliche Intelligenz verändert viele Tätigkeitsprofile in Unternehmen – entsprechend muss auch die betriebliche Aus- und Weiterbildung angepasst werden. Dabei ist vor allem **Training für folgende Gruppen im Unternehmen** zu unterscheiden:

- **Vorstandsebene und Geschäftsführung:** Das Training bereitet Führungskräfte auf die Potentiale und Möglichkeiten des KI-Einsatzes im Unternehmen vor. Ziel sollte eine geplante Ressourcenallokation sein, um weiterhin im Wettbewerb bestehen zu können. Damit diese Ressourcenallokation gewährleistet ist, müssen Führungskräfte in der Lage sein, Geschäftspotenzial von KI-Projekten zu erkennen.

- **Projektmanager von KI-Projekten:** Jener Personenkreis im Unternehmen, der direkt mit der Führung von KI-spezifischen Projekten betraut ist, sollte auch in der Lage sein, für diese Projekte konkrete, erreichbare Zielvorgaben zu definieren und den Fortschritt sowie die Auswirkung auf das Geschäftsfeld messen zu können.

- **KI-Entwickler:** Hier sollte vor allem fundiertes Wissen um Datenaufbereitung und -manipulation sowie Umsetzung von KI-Algorithmen vermittelt werden.

Doch nicht nur IT-lastige Positionen sind von KI betroffen. KI beeinflusst sämtliche Positionen in Unternehmen. Die Voraussetzung dafür schaffte die zunehmende Digitalisierung von Geschäftsprozessen in den vergangenen Jahren.

Digitalisierung bedeutet die Abbildung von Prozessen auf digitale Medien. Aus diesem Grund sind nun für viele Positionen ausreichend Daten vorhanden, damit die tägliche Arbeit durch künstliche Intelligenz unterstützt werden kann.

Beispiele für die Veränderung von Jobs im Unternehmen

Betrachten wir zuerst Vertriebsmitarbeiter. Diese haben in der Regel eine gewisse Menge an Lead-Kontakten zur Verfügung. Ziel der Vertriebstätigkeit ist es, möglichst viele davon von einem Kauf der eigenen Produkte zu überzeugen.

Eine Machine-Learning-Software kann die Vertriebsleistung durch automatische Priorisierung dieser Vertriebskontakte erhöhen.

name	title	company size	email	priority
Taylor	CEO	3050	tay@n…	high
Janet	manager	230	jan@b…	medium
David	intern	30	dav@c…	low

In der Endkontrolle der Produktion kann KI helfen, schneller und zuverlässiger Ausschuss von verkaufsfähigen Produkten zu unterscheiden, indem Bilder der fertigen Produkte durch KI-getriebene Software analysiert werden.

  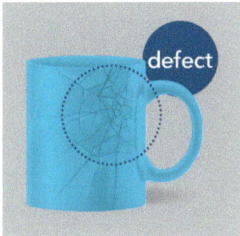

Im Personalmanagement kann Data Science helfen, den Recruitingprozess zu optimieren, wenn etwa zu wenige Kandidaten den Schritt vom Telefoninterview zum persönlichen Interview schaffen.

Mithilfe von Machine-Learning-Systemen kann eine Vorselektion von Bewerbungen erfolgen. Mitarbeiter im Personalmanagement müssen vielfach täglich eine Vielzahl an eingehenden Bewerbungen bearbeiten. KI kann hier helfen, die Bewerbungen in Hinblick auf die gewünschte Funktion zu sortieren.

So können Bewerbungen für Positionen, die dringend besetzt werden müssen, vom Personalmanagement priorisiert bearbeitet werden. In einer weiteren Ausbaustufe kann die Bewerbung auch klassifiziert werden in Hinblick darauf, ob der Bewerber zu einem persönlichen Gespräch eingeladen werden soll oder nicht.

Eine gängige Methode zum Testen von verschiedenen Produktvarianten sind A/B-Tests. Dabei erhalten zwei User zwei unterschiedliche Versionen (etwa der Webseite) präsentiert.

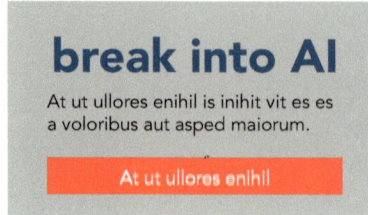 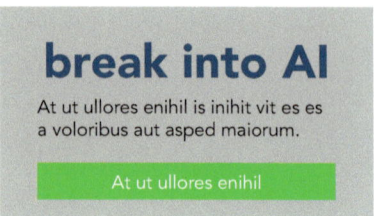

Variante A beinhaltet einen roten Button, Variante B einen grünen. Nun kann getestet werden, welche Variante mehr User dazu verleitet, den Button tatsächlich zu klicken. Ein Data-Science-Team im Marketingbereich kann nun diese Daten analysieren und Empfehlungen für entsprechende Modifikationen abgeben.

Während mittels A/B-Tests primär das Layout und Aussehen getestet werden kann, wird KI in Online-Shops zur Generierung von persönlichen Kaufempfehlungen eingesetzt. Die KI empfiehlt bewusst für jeden Besucher jene Produkte mit der höchsten Kaufwahrscheinlichkeit. Dies erhöht die Wahrnehmung der User Experience, da der Kunde nicht mit Angeboten konfrontiert wird, die ihn nicht interessieren.

5. ENTWICKLUNG DER INTERNEN UND EXTERNEN KOMMUNIKATION

Der Einsatz von KI im Unternehmen wird eine enorme Auswirkung auf das Unternehmen und dessen Geschäftstätigkeit haben. Aus diesem Grund sollte auch die Kommunikation gegenüber den Stakeholdern geplant sein.
Unsere Empfehlungen für die Kommunikation gegenüber den entsprechenden Zielgruppen:

- **Investor Relations:** Unternehmen, die auf den Einsatz von KI bei der Generierung von Geschäftswerten und Wettbewerbsvorteilen setzen, haben in der Regel einen deutlich höheren Stellenwert bei Investoren. Daher sollte gegenüber Investoren klar kommuniziert werden, wie Werte durch den KI-Einsatz generiert werden, worin Wettbewerbsvorteile geschaffen werden und wie die KI-Strategie aussieht. Durch eine klare Kommunikation der KI werden Investoren dem Unternehmen einen deutlich höheren Geschäftswert zuschreiben.

- **Government Relations:** Unternehmen, die in streng regulierten Geschäftsbereichen tätig sind (Medizinbereich, autonome Fahrzeuge, etc.) müssen klar darlegen können, wie ihre KI-Strategie Wettbewerbsvorteile bei gleichzeitiger Gewährleistung der öffentlichen Interessen generiert und wie KI zum Wohle des Unternehmens und der breiten Öffentlichkeit eingesetzt wird.

- **Kunden, Anwender:** Kunden bzw. Anwender werden durch den Einsatz von KI in den Produkten und Lösungen des Unternehmens sicherlich profitieren. Dieser Vorteil sollte auch ganz klar nach außen hin kommuniziert werden.

- **War of Talents – Bewerbungsmanagement:** Aktuell herrscht ein gravierender Mangel an Fachkräften, die über entsprechendes Know-how im KI-Bereich verfügen. Um als Arbeitgeber attraktiv zu sein, ist es wichtig, interessante und faszinierende Projekte gegenüber möglichen Arbeitnehmern zu kommunizieren. KI-Ingenieure wollen in einem spannenden Umfeld arbeiten, das Kreativität erlaubt und Freiräume möglich macht.

- **Interne Kommunikation:** Der Einsatz von KI wird noch immer von der breiten Allgemeinheit wenig verstanden und vielfach mit einer „generellen künstlichen Intelligenz" gleichgesetzt. Teilweise wird KI überschätzt, es bestehen Zweifel und Furcht vor der Technologie. Mitarbeiter können in Hinblick auf ihre Arbeitsplätze besorgt sein. Zu diesen Punkten muss das Unternehmen durch eine klare Kommunikation Stellung beziehen.

63%

Über 63 Prozent befragter Unternehmen im B2B-Bereich geben an, KI für die Analyse von Trends im Marketing einsetzen zu wollen.

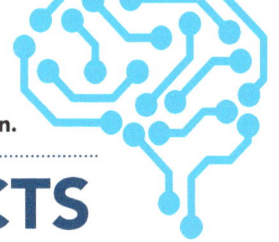

KI FACTS

Ein wesentliches Ziel moderner Benutzerinterfaces von Software ist die Interaktion mittels Sprache. Dafür muss ein KI-System in der Lage sein, auch **komplexere Sprache** (gesprochen oder in textueller Form) **inhaltlich zu verstehen**. Sprache zu analysieren, ist deshalb besonders schwierig, da Sprache unscharf ist. Sprache beinhaltet Humor, Emotionen, Ironie und ist kontextabhängig.

Natural Language Understanding

5 ZEITHORIZONT DER TRANSFORMATION

Die Transformation eines Unternehmens in ein erfolgreiches KI-Unternehmen ist eine herausfordernde, aber umsetzbare Aufgabe, bei der wir Ihr Unternehmen gerne begleiten. Der gesamte Prozess kann zwei bis drei Jahre in Anspruch nehmen, erste konkrete Ergebnisse sind in der Regel jedoch bereits nach sechs bis zwölf Monaten sichtbar.

Die Investition in die KI-Transformation des Unternehmens bedeutet eine Investition in die wirtschaftliche Zukunft.

63 %

Über 63 Prozent befragter Unternehmen im B2B-Bereich geben an, KI für die Analyse von Trends im Marketing einsetzen zu wollen.

KI FACTS

WORKFLOW VON KI-PROJEKTEN

Auch wenn jedes KI-Projekt in seiner Zielsetzung individuell ist, so kann man dennoch gemeinsame Merkmale des typischen Projektverlaufs herausarbeiten.

WORKFLOW VON MACHINE-LEARNING-PROJEKTEN

Als erstes Beispiel soll die Entwicklung eines Projekts zur Spracherkennung dienen, das ähnliche Funktionalität wie Amazon Alexa, Google Home, Apple Siri o.ä. aufweist. Amazons Alexa reagiert auf Sprachbefehle, sobald das Kommando „Alexa" abgesetzt wird.

Im Vergleich dazu gehen wir auf die Entwicklung eines Autopilot-Systems für selbständig fahrende Autos ein.

Datenset aufbauen

Möchte ich nun ein solches KI-Projekt entwickeln, benötige ich zuerst Beispiele in denen unterschiedliche Personen das Wort „Alexa" sprechen. Als Gegenstück brauche ich zusätzlich Demoaufnahmen von anderen Worten.

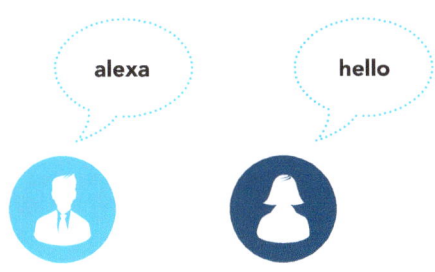

Wie würde ein solches Datenset für eine KI zum autonomen Fahren aussehen? Ich benötige Fotos, auf denen andere Fahrzeuge zu sehen sind. Die KI soll später in der Lage sein, die Position anderer Fahrzeuge in Kamerabildern zu erkennen. D.h. auf den Trainingsbildern müssen die Positionen der anderen Fahrzeuge eingezeichnet werden.

Trainieren des Modells

 ....>

audio #1   „alexa"
audio #2   „hello"

Nachdem ich eine ausreichende Anzahl an Trainingsdaten gesammelt habe, kann der eigentliche „Lernprozess" mithilfe eines KI-Algorithmus angestoßen werden. In dieser Phase lernt das System das Mapping von A auf B, in dem genannten Beispiel den Zusammenhang von dem gesprochenen Beispiel „Alexa" und dem Label „Alexa" für diesen Datensatz bzw. Ähnliches für andere Wörter.

Im Zuge der Entwicklung des Autopilot-Systems ist der Input ein Bild der Onboard-Kamera und der Output sind die möglichen Positionen von anderen Fahrzeugen auf dem Bild.

Dieser Trainingsvorgang muss nun etliche Male durchlaufen werden, bis das erlernte Modell für den gewünschten Einsatzzweck ausreichend gut ist.

Bereitstellung des Modells

Der dritte Schritt im Workflow umfasst das Bereitstellen des Modells in Form einer abrufbaren Software. In dem zitierten Beispiel würde das Modell mit der Hardware, die Mikrophone und Lautsprecher umfasst, gebündelt und an Testkunden versendet.

Typischerweise wird dieses erste Modell nun mit realen Daten konfrontiert, auf die es nicht trainiert wurde. Im Idealfall wurde dies bereits im Vorfeld durch eine gezielte Datenstrategie reduziert. Angenommen die Trainingsdaten umfassten hauptsächlich amerikanisches Englisch. Nun wurde das Produkt an Kunden aus Großbritannien versendet und sollte britisches Englisch verstehen.

Doch generieren diese Beispiele, in denen unser KI-Modell scheiterte, wiederum neue Daten, die für die weitere Verbesserung des Modells verwendet werden können.

Die Bereitstellung des Autopilot-Systems erfolgt natürlich durch Installation der Software in entsprechenden Fahrzeugen. Während beim „Alexa"-Beispiel ein falsches oder Nicht-Erkennen von Sprachbefehlen wenig bis keine negative Auswirkung auf den Anwender hat, geht beim Autopiloten Sicherheit vor. Schließlich kann bei diesem System das Nicht-Erkennen eines anderen Fahrzeugs massive Personenschäden zur Folge haben.

Angenommen, wir betreiben nun unser Autopilot-System für autonomes Fahren und das Fahrzeug, das mit unserer Software ausgestattet wurde, wird in einen Unfall verwickelt. Natürlich hat unser System in diesem konkreten Fall versagt – wir können jedoch sämtliche Daten und Auswertungen der Sensoren verwenden und analysieren. Auf diese Weise können wir unser System weiterentwickeln und diese Weiterentwicklung sofort allen anderen in Betrieb befindlichen Systemen zur Verfügung stellen. Auf diese Weise lernen aus einem konkreten Unfall alle, im Einsatz befindlichen, Systeme dazu.

Diese drei Schritte sind allen Projekten gemein: Daten generieren/sammeln – KI-Modell erstellen und trainieren – Modell bereitstellen. Die Übergänge von einer Phase in eine andere verlangen viele Iterationen und Feinabstimmungen, bis das gewünschte Ziel erreicht werden kann.

WORKFLOW VON DATA-SCIENCE-PROJEKTEN

Während die grundlegende Zielorientierung von Machine-Learning-Projekten in der Erstellung einer KI-getriebenen Software liegt, wird der Fokus von Data-Science-Projekten auf den Erkenntnisgewinn aus Daten gesetzt. Aus diesem Grund weisen Data-Science-Projekte auch einen anderen Workflow als Machine-Learning-Projekte auf.

Als Beispiel wollen wir die Optimierung des Verkaufstrichters eines Onlineshops für Kaffeetassen betrachten.
Kunden unseres Online-Shops durchlaufen typischerweise einen ähnlichen Prozess:

1. Natürlich müssen Kunden zu allererst unsere Webseite aufsuchen.
2. Sie betrachten verschiedene Produkte und wählen für interessante Produkte die Detailseite mit zusätzlichen Produktinformationen aus.
3. Danach rufen sie ihren Einkaufswagen ab und
4. führen den „Check-out" an der virtuellen Kasse durch.

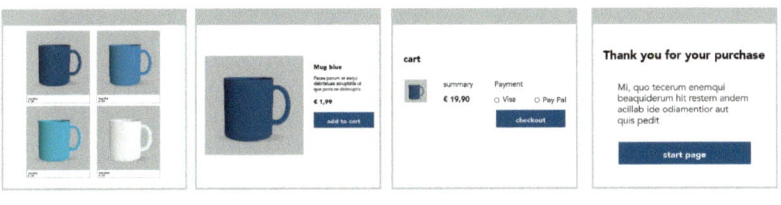

Website   Produktseite   Einkaufswagen   Check-out

Daten strukturieren

Der erste Schritt von Data-Science-Projekten ist die Datenanalyse. Im Rahmen unseres Beispiels einer Webshop-Optimierung können wir online bereits viele Daten über Besucher der Webseite erheben. Mithilfe der IP-Adresse können wir etwa das Land, aus dem der User stammt, ableiten und welche Produktseiten aufgerufen wurden.

user ID	country	time	webpage
2009	Spain	08:34:30 Jan5	home.html
2897	USA	13:20:22 May18	redmug.html
4983	Philippines	22:45:16 Jun 11	mug.html

Hypothesen formulieren

Nach der Erhebung und Strukturierung der Daten ist es an der Zeit Kausal-Hypothesen zu formulieren und diese anhand der erhobenen Daten zu verifizieren bzw. zu falsifizieren.

Eine mögliche Hypothese wäre, dass ausländische Kunden durch zu hohe Versandgebühren abgeschreckt werden. Dies würde bedeuten, dass viele ausländische Kunden Produkte zwar zum Warenkorb hinzufügen, den Webshop aber danach ohne Kauftransaktion verlassen.

Eine andere Hypothese wäre, dass es besonders an Feiertagen zu erhöhtem Verkaufsvolumen kommt, während es bestimmte Phasen im Jahresverlauf gibt, an denen weniger Personen online einkaufen. Während Phasen niedriger Online-Präsenz macht es etwa auch wenig Sinn, Werbung zu schalten, da ein geringerer Personenkreis damit erreicht werden kann.

Handlungsanweisungen generieren und umsetzen

Ein gutes Data-Science-Team wird viele solche Annahmen über die Daten prüfen und daraus Handlungsempfehlungen ableiten – etwa die Versandgebühren direkt in den Produktpreis einzurechnen.

Das Management entscheidet nun, welche der vorgeschlagenen Maßnahmen umgesetzt werden sollen.

Nachdem unser Webshop auf Basis der beschlossenen Änderungen modifiziert wurde, werden neue Daten über das Nutzerverhalten gesammelt. Nachdem ausreichend Daten in dem neuen Setting gesammelt wurden, werden die Auswirkungen der Änderungen erneut vom Data-Science-Team analysiert und evaluiert.

Zusammenfassend beinhalten Data-Science-Projekte folgende Schritte:

1. Sammeln und Strukturieren der Daten,
2. Aufstellen und Prüfen von Hypothesen über Zusammenhänge der Daten
3. Ableiten und Prüfen von Handlungsanweisungen

Um die nachhaltige Auswirkung der vorgeschlagenen Modifikationen zu prüfen, werden wieder Daten gesammelt und die zuvor generierten Hypothesen evaluiert.

Damit wir hilfreiche Systeme bauen können, müssen diese auch Wissen über das Umfeld haben, in dem sie eingesetzt werden. Ein Assistent (egal, ob menschlicher Assistent oder KI-Assistent) benötigt **umfangreiche Kontextinformation, um bestmögliche Unterstützung bieten** zu können. Der Assistent, der zwar Zugang zu Ihrem Kalender hat, jedoch keine Information über Kontakte, Orte, Telefonnummern, etc. wird im Terminmanagement nicht besonders erfolgreich sein. Informationen und Wissen über den Kontext, in dem ein System agiert, sind essentiell für die Nützlichkeit und damit die Akzeptanz durch den Anwender.

Context Awareness

AUSWAHL VON KI-PROJEKTEN

Wie treffe ich eine Entscheidung für ein sinnvolles KI-Projekt? Natürlich gibt es spontane Ideen und Geistesblitze, die zu tollen Projektideen führen. In der Regel dauert dieser Prozess jedoch etwas länger und erfordert zuerst eine Analyse der Geschäftsprozesse und Potentiale für den KI- Einsatz.

Es zeigt sich, dass auch die Themenfindung für KI-Projekte in einem strukturierten Prozess kanalisiert werden kann.

Betrachten wir zwei Mengen:

- die Menge an **Möglichkeiten, die durch künstliche Intelligenz erleichtert werden** bzw. die mit künstlicher Intelligenz möglich sind und
- jene Menge an Themen, die einen **Mehrwert für das eigene Geschäftsmodell** generieren.

Sinnvollerweise bearbeitet man nun Projekte, die in die Schnittmenge dieser beiden Mengen fallen. Dazu ist es zielführend, funktionsübergreifende Teams für KI-Projekte zusammenzustellen. KI-Experten verfügen typischerweise über profundes technisches Wissen und Domänenexperten aus den Fachabteilungen können auf Erfahrungen über mögliche Geschäftswerte zurückgreifen.

BRAINSTORMINGPROZESS FÜR THEMENFINDUNG

Um geeignete Themen für KI Projekte zu finden, haben sich einige sinnvolle Schritte etabliert:

Aufgaben- statt Jobdenken

Ein wesentliches Thema ist, dass KI in der Lage ist, ganze Jobs zu vernichten. Dies ist natürlich ein – vor allem – gesellschaftsrelevantes Thema. Doch blockiert eine derartige Angst die Kreativität.
Man sollte sich daher weniger auf Jobs, sondern auf einzelne Aufgaben konzentrieren, die durch KI unterstützt werden können.

Nehmen wir als Beispiel einen Call-Center-Mitarbeiter. Dieser hat verschiedene Aufgaben zu erledigen, welche besser oder weniger gut durch KI unterstützt werden können. Eine Aufgabe, das Weiterleiten von E-Mails an die richtige Stelle, ist etwa ein Teilbereich, der sehr gut durch KI unterstützt werden kann.
Betrachtet man alle diese Aufgaben, kann man leicht jene finden, die das größte Potential für KI aufweisen.

Ein anderes Beispiel ist die Gruppe der Radiologen. Viele Medienberichte zielen darauf ab, dass Radiologen sehr bald schon durch KI ersetzt werden. In der Tat ist zum Beispiel die Analyse von Röntgenbildern eine der Aufgaben von Radiologen. Diese Aufgabe kann sehr gut durch KI unterstützt werden. Radiologen haben jedoch auch andere Aufgaben. Sie bilden sich kontinuierlich fort, sie suchen den Diskurs mit Fachkollegen, sie bilden junge Radiologen aus, sie führen möglicherweise Patientengespräche. Alle diese Aufgaben können aktuell schlecht oder gar nicht durch KI unterstützt werden.

Geschäftstreiber feststellen

Eine hilfreiche Fragestellung kann lauten: „Welche sind die wesentlichen Faktoren, die zum Unternehmenserfolg beitragen?"
Themenbereiche, die diese Frage beantworten, können eine sehr erfolgversprechende Ausgangsbasis für KI-Projekte darstellen.

Schwachpunkte im Geschäftsmodell analysieren

Ein weiterer Ausgangspunkt können mögliche Schwachpunkte im Geschäftsmodell sein. Die Antworten auf die Frage nach den größten Schwierigkeiten können ebenfalls eine gute Ausgangsbasis für KI-Projekte darstellen.

Auch wenn für die geplanten Bereiche keine Daten im „Big-Data-Format" vorhanden sind, heißt das nicht, dass KI nicht sinnvoll implementiert werden kann. Natürlich schadet es in der Regel nicht, mehr Daten zur Verfügung zu haben, doch ist eine riesige Datenmenge im Umkehrschluss nicht automatisch ein Katalysator für KI.

Auf jeden Fall macht es Sinn, KI-Experten in die Projektfindungsphase einzubinden, um eine fachkundige Einschätzung der Datenlage in die Themenplanung zu integrieren.

AUSWAHL KONKRETER THEMEN

Nachdem nun verschiedene Vorschläge für konkrete KI-Projekte generiert wurden, muss eine konkrete Auswahl getroffen werden, welche Projekte weiterverfolgt werden sollen.

Handelt es sich um Projekte, die in einigen Tagen oder wenigen Wochen umgesetzt werden können, dann kann durchaus direkt mit dem Projekt gestartet werden. Handelt es sich aber um komplexe Themenstellungen, die mehrere Monate dauern werden, so sollte vorher genau analysiert werden, ob die Projektidee ausreichend Wert generieren kann, um weiter verfolgt zu werden.

Due-Diligence-Prüfung

Wenngleich der Begriff „Due Diligence" eine konkrete rechtliche Bedeutung hat, so sollte er in diesem Zusammenhang weniger rechtlich, sondern vielmehr technisch verwendet werden.

Technische Due-Diligence-Prüfung

01 Zielvorgabe
Kann das geplante Vorhaben die anvisierten Ziele auch tatsächlich erreichen?

02 Daten
Wie viele Daten werden dafür benötigt?

03 Zeitplanung
Erarbeiten einer Zeitschiene für eine fristgerechte Umsetzung.

Im technischen Sinn bedeutet eine Due-Diligence-Prüfung, sich intensiv mit der Projektidee auseinanderzusetzen. Erfahrung im KI-Bereich hilft bei der Bewertung der Machbarkeit. Denn die besten KI-Projekte sind jene, die auch technisch umsetzbar sind – umso wichtiger ist es zu wissen, was mit KI möglich ist und was nicht. Nur so vermeidet man, Ressourcen in technisch unlösbaren Projekten zu binden.

Wichtig für die technische Prüfung ist jedoch nicht nur die grundsätzliche technische Machbarkeit, sondern auch die mögliche Genauigkeit. Angenommen das geplante Projekt ist grundsätzlich mit KI umsetzbar. Wir benötigen jedoch eine Erkennungsgenauigkeit von 99,8%. Liegt der aktuelle Benchmark bei vergleichbaren Projekten jedoch nur bei 85% Genauigkeit, so muss genau hinterfragt werden, ob es realistisch ist, im Rahmen dieses Projekts eine Genauigkeit von 99,8% erreichen zu können.

Ein weiterer wesentlicher Punkt der technischen Due-Diligence-Prüfung ist die Frage nach den erforderlichen und vorhandenen Daten. Sind die notwendigen Daten überhaupt verfügbar? Können die Daten in ausreichender Anzahl generiert werden?
Last but not least muss natürlich auch der geplante Zeitaufwand geprüft werden. Ist es realistisch, dass das Projekt in der geplanten Zeit umgesetzt werden kann? Wie viele Mitarbeiter, aus welchen Fachbereichen müssen dem Projekt zugeteilt werden?

Neben den technischen Aspekten sollten auch die wirtschaftlichen Merkmale des Projekts genau analysiert werden. Von vielen KI-Projekten wird eine Kostenreduktion durch Automatisierung einzelner Prozessschritte oder ganzer Prozessketten erwartet.

Wirtschaftliche Due-Diligence-Prüfung

01 Kosten senken
Kann durch Prozessautomatisierung eine Kostenreduktion erreicht werden?

Bestehende Geschäftsbereiche

02 Umsatz steigern
Wie kann künstliche Intelligenz zur Steigerung des Umsatzes eingesetzt werden?

03 Produktinnovation
Welche neuen Produkte können durch KI ermöglicht werden?

Innovation

Umgekehrt kann die Erwartungshaltung an KI-Projekte auch in der Steigerung von Umsatz liegen. Insbesondere im Online-Bereich kann mit KI ein Umsatzplus ermöglicht werden, indem Kunden ein individuelles User-Erlebnis geboten wird und somit mehr Conversions aus den Besuchen generiert werden können.

Egal welchem Geschäftszweck das KI-Projekt dienen soll, es muss ein nachhaltiger wirtschaftlicher Mehrwert generierbar sein. Wir erstellen ein Modell, in dem valide Schätzungen über tatsächliche quantitative Einsparungen bzw. konkrete Umsatzsteigerungen enthalten sind.

Am Ende sollte natürlich auch noch eine ethische, moralische Überlegung stehen. Ist das vorliegende KI-Projekt bzw. das verfolgte Ziel aus ethischer Sicht vertretbar? Heute sind bereits viele Projekte mittels künstlicher Intelligenz möglich, die aus ethischer Sicht zumindest als fraglich eingestuft werden müssen. Die konkrete Entscheidung über die Umsetzung derartiger Projekte muss natürlich jeder selbst treffen.

Liegt ein positives Prüfungsergebnis vor, so folgt die Frage nach „make or buy". Sollte das Projekt intern umgesetzt werden oder als fertiges Service eingekauft werden?

Kein Unternehmen würde etwa seine eigenen WLAN-Router oder PCs bauen. Diese werden einfach von anderen Unternehmen eingekauft. Ähnlich verhält es sich mit KI-Projekten.

KI-Projekte können:

- **inhouse** durch ein internes Team umgesetzt,
- an **technische Partner** ausgelagert oder
- möglicherweise als **fertiges Service** eingekauft werden.

Unabhängig von der getroffenen Wahl kann das KI-Projekt erfolgreich sein. Bei der Vergabe außer Haus kann der Zugang zu Fachexperten schneller und leichter sein, als wenn zuerst ein Expertenteam im eigenen Unternehmen aufgebaut werden muss.

Für verschiedene Themenbereiche existieren bereits Industriestandards. Hier macht es wenig Sinn, diese Projekte selbst umsetzen zu wollen.

Erfolgversprechender erscheint, den Dienst einfach zuzukaufen. Denn immer, wenn sich ein Industriestandard formiert, gibt es auch wesentliche Kräfte, die die Entwicklung vorantreiben.

Egal ob proprietäre oder Open-Source-Projekte dahinterstehen. Es macht wenig Sinn, einem fahrenden Zug voraus laufen zu wollen. Denn auch wenn man es schafft, den Zug im ersten Sprint hinter sich zu lassen, so wird dieser dennoch aufholen.

Sinnvoller erscheint es, diesen Zug zu benutzen, um schneller und mit weniger Kraftaufwand zu seinem nächsten Ziel der Reise gelangen zu können.

KI-PROJEKT UMSETZEN

Konnte auch die technische und wirtschaftliche Prüfung für die Projektidee erfolgreich abgeschlossen werden, so kann die Entwicklung gestartet werden.

Egal auf welche Weise (inhouse oder outsourced) das Projekt umgesetzt werden soll, müssen zu Beginn bereits Akzeptanzkriterien definiert werden, wann das Projekt als erfolgreich abgeschlossen gilt. Hier sollten exakte, quantitative Kennzahlen in Kombination mit einem Testdatensatz verwendet werden. Bei der automatisierten Bildauswertung könnte zum Beispiel eine Erkennungsgenauigkeit von 99,8% vorgegeben werden – der konkrete Wert kann natürlich je nach Projektumfeld variieren.

Je nach Anwendungskontext können heute mit KI-getriebenen Systemen sehr hohe Genauigkeiten (über 99%) erreicht werden. Dies hängt jedoch natürlich vom Umfeld, von den vorhandenen Daten, etc. ab. Wichtig ist, dass kein Akzeptanzkriterium in der Höhe von 100% definiert wird, da dies statistisch nicht erreicht werden kann. Im Rahmen der technischen Due-Diligence-Prüfung können gemeinsam mit KI-Experten valide Zielvorgaben gefunden werden.

Neben der Genauigkeit der Erkennung können auch noch anderen Kriterien herangezogen werden:

- falsch-positiv klassifizierte und
- falsch-negativ klassifizierte Beispiele

Falsch-positiv bedeutet, dass das KI-System diesem Datensatz das Label „positiv" zugeordnet hat, während es eigentlich „negativ" – also nicht Element der klassifizierten Klasse – wäre.

Den umgekehrten Fall bilden *falsch-negativ* klassifizierte Beispiele. Falsch-negativ bedeutet, dass ein Element als nicht zugehörig in die gesuchte Klasse klassifiziert wurde, diese Klassifizierung jedoch falsch ist.

Diese beiden Kennzahlen sind je nach Anwendungskontext unterschiedlich wichtig.

Angenommen es handelt sich um einen Spam-Filter. Falsch-negativ bedeutet, die E-Mail wurde von der KI nicht als Spam klassifiziert, obwohl sie Spam ist. Dies ist zwar unangenehm, weil die Spam-Mail in meinem Postfach liegt, hat jedoch keine weiterführenden Konsequenzen.

Schreiben wir jedoch ein System zur Erkennung bösartiger Tumore auf MR-Bildern, dann möchten wir mit aller Kraft vermeiden, dass unser System einen tatsächlich bösartigen Tumor als gutartigen klassifiziert. In diesem Fall erhält der Patient möglicherweise eine lebenswichtige Behandlung aufgrund der falschen Klassifizierung nicht.

52 % Genauigkeit

ML-Systeme erkennen Brustkrebszellen durchschnittlich ein Jahr bevor ein Arzt die Diagnose erstellt – mit 52% Genauigkeit.

KI FACTS

- Auch wenn die Menge an Aufgaben, die durch KI-Unterstützung inzwischen gelöst werden können, sehr umfangreich ist, sollte man nicht der Meinung verfallen, KI könne jedes beliebige Problem lösen. Bevor durch eine falsche Erwartungshaltung Ressourcen verschwendet werden, sollte lieber ein KI-Expertenteam konsultiert werden und gemeinsam eine planbare Umsetzung durchgeführt werden.

- KI-Projekte sollen interdisziplinär angelegt werden. Es reicht nicht, einfach nur zwei oder drei Machine-Learning-Experten auf ein Thema anzusetzen – die Fachabteilung aber außen vor zu lassen. Jene Themen, die für KI-Unterstützung den größten Erfolg bringen, sind jene in der Schnittmenge zwischen technisch möglichen und wirtschaftlich sinnvollen Projektideen.

- Insbesondere das erste KI-Projekt im Unternehmen wird nicht rund laufen. Man kann einen iterativen Projektverlauf mit vielen Schleifen erwarten. Wird dieser Prozess jedoch aktiv moderiert, können daraus wertvolle Erfahrungen abgeleitet werden.

- Unternehmen, die bereits Softwareprojekte umgesetzt haben, sollten nicht erwarten, dass KI-Projekt auf die gleiche Weise verwaltet und gemanagt werden können. KI-Projekte haben besondere Ausprägungen in Hinblick auf Key Performance Indicators (KPIs), Zeitschätzungen, Projektverlauf, etc.

- Man sollte nicht glauben, man müsse auf „den" KI-Guru warten, bevor man Erfolge durch KI im Unternehmen verbuchen kann. Vielmehr sollte mit den Projekten auch das Fachwissen im Unternehmen wachsen. Einzelne Rückschläge und Misserfolge müssen daher natürlich auch einkalkuliert werden. Externe Unterstützung durch erfahrene KI-Berater kann einem jungen Inhouse-KI-Team bei der Weiterentwicklung helfen.

- Wesentlich ist es, mit der Umsetzung und Anwendung der KI-Transformation zu beginnen. Das zweite KI-Projekt wird mit Sicherheit besser verlaufen als das erste, das dritte besser als das zweite, ...

In diesem Kapitel wollen wir auf die Anwendungsmöglichkeiten künstlicher Intelligenz in verschiedenen Wirtschaftssektoren eingehen und konkrete Beispiele geben, wie KI einen Wettbewerbsvorteil generieren kann.

9

★★★☆

PRAKTISCHE ANWENDUNGSFÄLLE KÜNSTLICHER INTELLIGENZ

HANDEL / ECOMMERCE

Der Bereich Handel (und speziell eCommerce) eignet sich hervorragend für den Einsatz von KI-Technologien.

KI-Einsatz im Handel / eCommerce

- **Kundenzentrierte, visuelle Suche**
Der Hauptgrund, warum Besucher einen Webshop ohne Einkauf verlassen, basiert auf der Anzeige wenig relevanter Produktergebnisse. Die Suchergebnisse werden mittels KI personalisiert und an die Wünsche des individuellen Kunden angepasst. Weiters bietet KI (mittels NLU – Natural Language Understanding), die Suche nach Produkten nicht nur mittels Eingabe von Schlüsselwörtern abzuwickeln. Dem potentiellen Kunden steht auch die Suche über natürliche Sprache zur Verfügung.

Einen Schritt weiter geht kontextbezogene Suche. Dazu soll folgendes Beispiel dienen: Ich muss nicht nach einem konkreten Produkt suchen, sondern kann diese Aufgabe an die KI delegieren. Ich mache ein Foto von den neuen Sportschuhen meines Trainingspartners. Lade dieses Foto im Webshop hoch und erhalte sofort Produkte, die jenem auf dem Foto ähnlich sind. Diese Funktionalität wird bereits von Amazon in den USA angeboten.

- **Verkaufsoptimierung und Effizienzsteigerung im Vertrieb**
Ein großes Problem im Vertrieb stellen vorqualifizierte Kontakte dar, die vom Vertriebsteam nicht weiterverfolgt werden. Das bedeutet, dass Kunden, von denen bereits grundlegendes Interesse verortet wurde, nicht weiter bedient werden.

Vertriebsteams arbeiten mit großen Datenbanken über potentielle Kunden in CRM-Systemen. KI kann hierbei bei der Priorisierung der Kontakte helfen, indem ein datenzentriertes Ranking der Lead-Kontakte errechnet wird. So kann sich das Verkaufsteam auf jene Kontakte mit der höchsten Abschlusswahrscheinlichkeit konzentrieren.

Aufgrund der Daten von potentiellen Kunden können konkrete Verkaufsvorschläge generiert werden und so werden Kundenwünsche vom Vertriebsteam früher wahrgenommen, was eine Beschleunigung des Vertriebsprozesses bedeutet.

- **Chatbots und virtuelle Assistenten**
Insbesondere im eCommerce kommt es mehr denn je auf die User Experience an. Ist mein Webshop schwerfällig zu bedienen, der Check-

out-Prozess unlogisch aufgebaut, so verliere ich Kunden, anstatt neue zu gewinnen.

Jeder Kunde benötigt jedoch seine eigene, individuelle Beratung. Chatbots können nicht nur bei der Produktsuche helfen, sondern auch Hilfestellung im gesamten Prozess der Kaufabwicklung bieten. Bis zum Jahr 2022 werden nach Juniper Research[2] 8 Milliarden US Dollar im weltweiten Online-Handel durch Chatbots eingespart werden.

- **Fake-News-Filter**
Eines der wichtigsten Verkaufsargumente im Online-Handel stellen Produktbewertungen dar. Über 90%[3] der Kunden geben an, dass eine positive Bewertung eines Produkts ihre Kaufentscheidung positiv beeinflusst. Umgekehrt stellen negative Produktbewertungen für 85% der Kunden ein Argument gegen den Kauf des Produkts dar. Doch längst sind Fake-Bewertungen zu einem riesigen Problem auf Online-Marktplätzen geworden. Eine Vielzahl an Rezensionen wird von Bots, Mitbewerbern, etc. verfasst. Hier wird KI eingesetzt, um aufgrund der Struktur von Bewertungen einen Rückschluss auf die Richtigkeit des Inhalts ziehen zu können.

- **Optimierung der Lagerprozesse**
Der Einsatz von KI-Technologie im Warenlager hilft, Sortierung und Ordnung der Artikel im Lager zu optimieren, um Fahrwege zu verkürzen und den Aufwand für menschliche Mitarbeiter zu reduzieren.

Konkrete, umgesetzte Projekte

Under Armour
Der US-amerikanische Hersteller von Sportbekleidung setzt auf KI-Technologie „Watson" von IBM. UA Record ist eine, auf „Watson Cognitive Computing" basierende App, die als persönlicher Gesundheitscoach dient. Die App wertet Daten von Fitness-Sensoren und zusätzliche, vom User bereitgestellte Eingaben aus und ermittelt ein Gesundheitsprofil des Users. Zusätzlich kann die App Wetterdaten und deren Auswirkungen auf den Trainingserfolg integrieren. Die User können sich mit ähnlichen Anwendern auf der UA-Online-Plattform vergleichen.

Der Umsatz aus Fitness-Accessoires stieg nach Veröffentlichung der App um 51% auf 80 Millionen US-Dollar.

2   https://www.juniperresearch.com

3   https://www.dimensionalresearch.com

Coca-Cola
Der weltgrößte Abfüller von nicht-alkoholischen Getränken (in Asien) konnte durch den Einsatz von KI in der Analyse von Fotos der Verkaufsregale seinen Marktanteil auf 1.3% in Asien innerhalb von 5 Monaten ausbauen.

Regalbestücker fotografieren das Regal mit den Coca-Cola Produkten vor Ort. Die aufgenommenen Fotos werden in die Cloud gesendet und von Trax Retail[4] mittels KI-Technologie analysiert. Binnen kürzester Zeit erhält der Mitarbeiter vor Ort Hinweise, wie die Regalbestückung zu optimieren ist, um den Verkaufserfolg zu maximieren.

KI-EINSATZ IN DER LANDWIRTSCHAFT / AGRARTECHNIK

Pestizide stellen eine wesentliche Komponente in der weltweiten konventionellen Landwirtschaft dar. Dünge- und Pflanzenschutzmittel sind der Treiber für Ertragssteigerungen in der Landwirtschaft, beinhalten jedoch auch viele Risiken für Umwelt, Tierwelt und natürlich auch den Menschen als Konsumenten der landwirtschaftlichen Erzeugnisse.

Der Einsatz chemischer Erzeugnisse sollte in der Landwirtschaft so effizient wie möglich erfolgen, um die Gesundheit von Tieren und Menschen zu sichern und die Kosten für den Landwirt möglichst gering zu halten.

Der Agrartechnik-Hersteller **John Deere** war schon seit jeher Technologieführer und bietet Agrartechnik für autonome Feldarbeit an.
Die kürzliche Übernahme von „Blue River Technology" – einem auf Computer Vision spezialisierten Unternehmen – führt diese Strategie logisch fort.

---

4 https://traxretail.com/

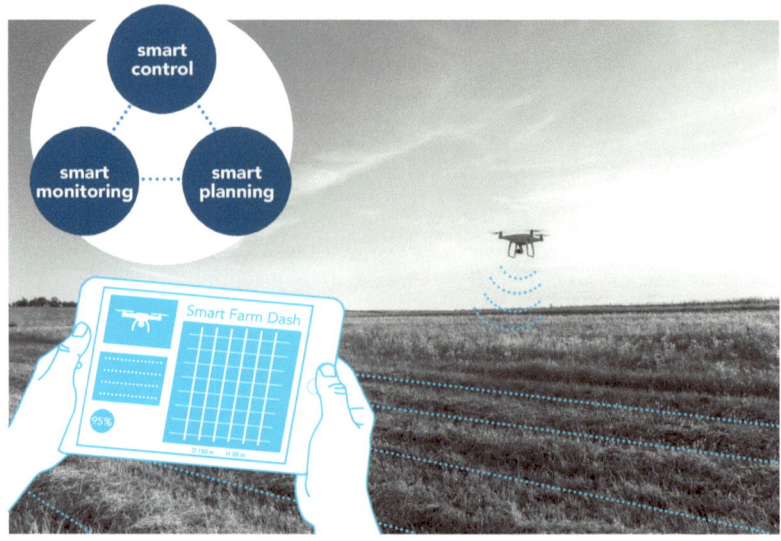

Blue River Technology hat für den Zweck der individuellen Ausbringung von Pflanzenschutzmitteln eine KI-gestützte Lösung entwickelt. Die Düngemittel-Vorrichtung analysiert aufgrund von Fotos, wie hoch die aktuelle Durchdringung mit Unkraut ist und mischt entsprechend Pflanzenschutzmittel bei.

Traditionell werden die Entscheidungen über den Pflanzenschutzmitteleinsatz vom Landwirt pro Feld getroffen. Dieses KI-getriebene System entscheidet auf Basis jeder gescannten Pflanze. Auf diese Weise kann die Effizenz des Einsatzes chemischer Erzeugnisse deutlich gesteigert werden. Die Umwelt profitiert von einer geringeren Ausbringung und der Landwirt profitiert von geringeren Kosten.

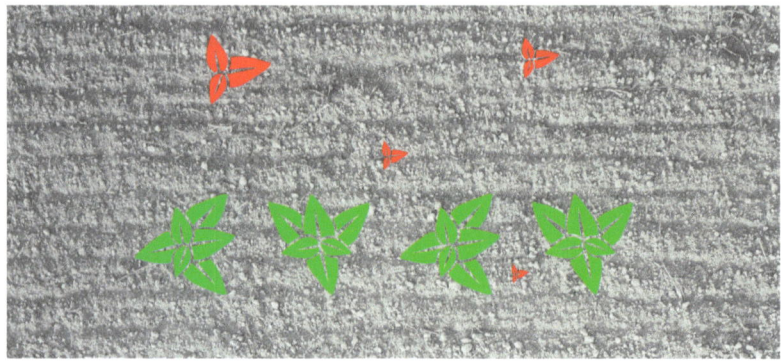

Das Beispiel *„Blue River Technology"* zeigt jedoch auch, dass es besonders im Bereich der künstlichen Intelligenz auf Branchen-Spezialisierung ankommt. Blue River Technology begann selbst mit der Konstruktion von entsprechenden Aufnahmegeräten und der Sammlung und Speicherung der Daten. Auf Basis dieser Daten konnten erste Produkte an Kunden ausgeliefert werden. Alle Geräte im Kundeneinsatz sammeln weiter Daten und so konnte Blue River die weltweit größte Bilddatenbank in diesem Segment aufbauen. Ein Wettbewerbsvorteil, der auch gegenüber großen Tech-Giganten leicht zu verteidigen ist.

Diese Erfolgsgeschichte ist beispielhaft für einen zielorientierten und geplanten Einsatz von KI. Grundlage war die Planung und Sammlung der erforderlichen Daten – ein Fundament, das auch später als Markteintrittsbarriere für Konkurrenten dient.

Die Anwendung selbst folgt klassisch dem Virtuous Circle von KI:

- Jede kundenspezifische Instanz des Produkts erzeugt neue Daten.
- Die stets wachsende Datenbasis ermöglicht laufende Produktverbesserungen.
- Die stets wachsende Qualität des Produkts lockt zunehmend neue Kunden an.
- Die steigende Anzahl an Neukunden generiert immer mehr Daten.

ETHISCHE ASPEKTE
KÜNSTLICHER INTELLIGENZ

„Ein Algorithmus behandelt Patienten, lenkt Autos, kauft Immobilien, zieht in den Krieg und kann über Leben und Tod entscheiden.
Darf er das und werden ethische Prinzipien eingehalten?"

Diese Frage ist nicht leicht zu beantworten, denn der korrekte Ansatz einer Moral und Ethik für künstliche Intelligenz aus Politik oder Forschung fehlt zurzeit noch. Grund dafür sind die zahlreichen noch unbeantworteten Fragestellungen, wie die perfekte Moral bzw. ethische Grundlage auszusehen hat. Vergleicht man beispielsweise Ethik und Moral in verschiedensten Ländern, so sind bereits hier viele unterschiedliche Konfliktpunkte erkennbar, welche für den Menschen selbst eine nicht zu unterschätzende Hürde darstellt.

Forschung, Wirtschaft und Politik versuchen nun schon seit einigen Jahren vergeblich einen geregelten internationalen Wertekompass einzuführen, der die moralische Grundlage aller intelligenten Systeme schaffen sollte.

Lediglich veröffentlichte beispielsweise der europäische Wirtschafts- und Sozialausschuss einen Verhaltenskodex für die Entwicklung, den Einsatz und die Nutzung von künstlicher Intelligenz.

Dieser besagt, dass diese Systeme folgende Prinzipien erfüllen sollten:

- Menschenrechte
- Menschenwürde
- Fairness
- Integrität
- Freiheit
- Schutz der Privatsphäre und Datenschutz
- Kultur- und Geschlechtervielfalt

Trotz der zurzeit noch sehr schwachen gesetzlichen Reglementierung von intelligenten Systemen findet dieses Thema jedoch sehr starke Resonanz in der Gesellschaft. Die Angst vor einem unberechenbaren und super-intelligenten System, welches das Dasein der Menschheit gefährdet wird vor allem mit dem Begriff der künstlichen Intelligenz assoziiert.

Neben diesem erwähnten unberechenbaren System, gibt es jedoch auch bereits in sehr trivialen KI-Systemen diverse Verstöße gegen moralische Prinzipien und Grundlagen.

FAIRNESS VON KI-SYSTEMEN

Die wohl häufigste ethische Problemgröße der KI-Systeme ist die Fairness. Im Optimalfall kommt die KI, abhängig vom Anwendungsfall, auch bei der Betrachtung einer Minderheit und deren sozio-kulturellen Eigenschaften zu einem gleichwertigen Ergebnis.
Dies ist jedoch bei einer Vielzahl an umgesetzten KI-Systemen nicht der Fall und einzelne Gruppen werden gegenüber anderen bevorzugt. („Bias")
Ein solcher Bias ist zumeist bei der Entwicklung eines KI-Systems nicht offensichtlich erkennbar und kann somit im Echtbetrieb zu großen Problemen führen.

Fallbeispiel COMPAS:

Das amerikanische Justizwesen implementierte ein System (COMPAS), dass aufgrund von personenbezogenen Daten (Bilder, Alter, Herkunft...) Personen in Kriminalitätsklassen einteilt.

Dies bedeutet: Wenn dem System Personendaten zur Verfügung gestellt werden, so gibt es Auskunft darüber, wie hoch die vom System geschätzte Wahrscheinlichkeit ist, dass derjenige zukünftig wieder eine Straftat begehen wird.

Dieses System wird in einigen amerikanischen Bundesstaaten als Assistenzsystem für gerichtliche Entscheidungen eingesetzt und kann daher unter Umständen Gerichtsurteile beeinflussen.
Vor wenigen Jahren wurde das System jedoch genauer durchleuchtet und man konnte feststellen, dass es unter gewissen Umständen grobe Fehlentscheidungen, auf Kosten von schwarzen Häftlingen, trifft. So stufte es zu jenem Zeitpunkt dunkelhäutige Häftlinge als doppelt so gefährlich wie hellhäutige Häftlinge ein.

In der Darstellung ein Auszug der Resultate von COMPAS. Hierbei kann man erkennen, dass Dunkelhäutige, trotz der harmloseren Strafregister, als gefährlicher eingestuft wurden.[5]

Wie kam nun COMPAS zu diesen Ergebnissen?

Hinter der COMPAS-Software stecken intelligente Algorithmen, die mit einer Vielzahl von Gefangenen-Daten trainiert worden waren. Diese Trainingsdaten bestanden jedoch mehrheitlich aus Daten von dunkelhäutigen Häftlingen, die schlussendlich für den resultierenden Bias sorgten.

AUSWIRKUNGEN VON „UNFAIRNESS" AUF UNTERNEHMEN

Da Unternehmen auf künstliche Intelligenz basierende Systeme oftmals mit Fokus auf Kunden oder Mitarbeiter einsetzen, ist gerade deswegen verstärkte Sorgfalt geboten. Eine wahrgenommene Diskriminierung kann das Vertrauen zu Kunden oder Mitarbeitern schädigen und eventuell langfristig negativ beeinflussen. Aus diesem Grund ist eine genaue Durchleuchtung der implementierten KI-Systeme auf einen vorliegenden „Bias" unbedingt erforderlich.

WIE KANN MAN DER „UNFAIRNESS" ENTGEGENWIRKEN?

1. **Gleichverteilung der Datenbestände**
   Oftmals liegen Ungleichverteilungen in den Basisdaten vor. Diese muss man durch verstärkte Datensammlung oder durch eine Reorganisation des Datenbestandes auflösen.

2. **Kontrafaktische Analyse**
   Oftmals entsteht durch eine Vielzahl an zusammenhängenden Kausalketten eine solche Diskriminierung. Diese sind zumeist nicht auf den ersten Blick erkennbar und erfordern analytische Vorgehensmethoden.

3. **KI-Modell-Architektur adjustieren**
   Durch diverse Anpassungen der KI-Modell-Architektur ist es möglich einem solchen „Bias" entgegenzuwirken.

---

5   Primärquelle Bilder:
    https://www.propublica.org/article/machine-bias-risk-assessments-in-criminal-sentencing

4. Standardisierter Dokumentationsprozess für Entwickler
Oftmals liegt die Hauptursache darin, dass sich die Entwickler aufgrund mangelnder Zeit oder mangelnden Interesses nicht mit solchen sozio-ethischen Fragestellungen auseinandersetzen. Diesem Problem kann man durch die Einführung eines standardisierten KI-Dokumentationsprozesses entgegenwirken. Dadurch werden Entwickler dazu angeregt, sich genau mit diesen Problemgrößen auseinanderzusetzen.

AUSWIRKUNGEN DER KI AUF DIE GESELLSCHAFT

Aus Smartphones, Haushaltsgeräten und Autos sind die intelligenten Algorithmen mittlerweile kaum mehr wegzudenken und werden zukünftig mit hoher Wahrscheinlichkeit noch eine viel größere Bandbreite an Einsatzgebieten erfahren.

Nun stehen auf der einen Seite die beeindruckten Kunden, die von den vielzähligen Möglichkeiten der künstlichen Intelligenz profitieren. Auf der anderen Seite stehen dutzende Arbeitnehmer, die sich in ihren Jobs von den smarten Algorithmen bedroht fühlen. Ist diese Angst jedoch berechtigt?

Bei der Beantwortung dieser Frage scheiden sich die Geister der Experten aus den Bereichen der Technik, Sozialwissenschaften und Politik, wobei Technik-Experten zumeist versuchen den sozialen Kontext zu verharmlosen und Sozialwissenschaftler die Sachlage als zu kritisch einzustufen.

Analogie aus der Geschichte

Versucht man nun einen objektiven Standpunkt einzunehmen, so könnte man zur bestehenden Sachlage eine Analogie aus der Geschichte aufzeigen.

Blickt man zurück in die Vergangenheit, so kann man in der Zeit der Industrialisierung sehr ähnliche Themenstellungen wiedererkennen. Hier fühlte sich einst eine Vielzahl an Arbeitnehmern sehr stark von maschinellen Erfindungen, wie z.B. der Dampfmaschine, bedroht und kompensierte diese Angst durch Aufstände und Arbeiterstreiks.

Einige Jahre später stellte sich aber heraus, dass genau das Gegenteil der von den Gewerkschaften prophezeiten Zukunft eintrat – es folgte eine Zeit der Hochkonjunkturen mit hohen Auftragslagen und nur wenigen Arbeitslosen.

Wendet man nun diese Analogie auf die KI-Thematik an, so könnten diese Algorithmen verstärkt den Arbeitnehmer bei der Umsetzung seiner Tätigkeit unterstützen und die Qualität seiner Arbeit enorm steigern. Wie auch damals, während der Industrialisierung, gehen zwar Arbeitsplätze verloren, jedoch werden mit einer solchen Technologie zugleich neue geschaffen.

Somit könnte der Einsatz der KI dabei helfen, das wirtschaftliche Wachstum weiter auszubauen und zusätzliche Arbeitsplätze zu schaffen.

ZUSAMMENFASSENDE RAHMENBEDINGUNGEN FÜR DEN EINSATZ VON KÜNSTLICHER INTELLIGENZ

Ethik- und Sozialwissenschaftler fordern daher für eine erfolgreiche Integration der künstlichen Intelligenz in die Gesellschaft die Einhaltung gewisser Grundsätze und Rahmenbedingungen, welche von Entwicklern, Unternehmern, Forschern sowie Politikern beachtet werden sollten.

1. **Transparenz von KI-Systemen**
Es sollte nachvollziehbar sein, aus welchem Grund ein KI-System gewisse Entscheidungen trifft. Dies bedeutet, dass bei einzelnen Vorfällen oder Abläufen die spezifischen Gründe dafür offengelegt werden können. Das Ziel sollte hierbei sein, dass verschiedenste KI-Systeme nicht mehr auf dem Black-Box-Prinzip basieren, sondern die Entscheidungen für die Benutzer nachvollziehbar sind.

2. **KI-Systeme mit Wertekompass**
Intelligente Algorithmen sollten mit einem definierten Wertekompass implementiert werden, der nicht verletzt werden darf. Dieser beschreibt die moralische und ethische Grundlage, auf deren Basis die Algorithmen Entscheidungen treffen. Damit sollte gewährleistet werden, dass ethisch und moralisch inkorrekte Handlungen ausgeschlossen werden können.

3. **KI-Systeme müssen Menschen und dem Planeten dienen**
Alle Aktivitäten von KI-Systemen sollten die Menschen unterstützen und fördern. Hierbei sollte vor allem darauf geachtet werden, dass der Einsatz von KI nicht gegen Menschen bzw. Gruppierungen von Menschen gerichtet werden darf. Somit sollte jede eingesetzte KI im Einklang mit den Menschenrechten stehen. Natürlich gilt dies auch für den Umgang mit unserem Planeten. Alle Aktivitäten der KI sollten den globalen ökologischen Zielen nicht widersprechen.

4. **Mensch definiert Handlungsbereich der KI**
Jede implementierte KI sollte in einem gewissen Rahmen vom Menschen steuerbar und kontrollierbar sein. Es muss daher verhindert werden können, dass Menschen den Einfluss und die Kontrolle über intelligente Sys-

teme verlieren und somit willkürliche Verhaltensintelligenzen entwickelt werden. Somit sollte der Mensch einen Handlungsbereich definieren können, den die KI nicht verlassen darf.

5. Einsatz von KI erfordert politische Reglementierung
Um diversen Gefahren und Problematiken von KI-System entgegenzuwirken, wird über definierte gesetzliche Rahmenbedingungen nachgedacht, welche den erlaubten Verantwortungsbereich definieren. (Was darf eine KI entscheiden? Was nicht? Was passiert, wenn von der künstlichen Intelligenz Fehler gemacht werden?)

6. Verbot für die Rüstungsindustrie
Es sollte verboten werden, dass künstliche Intelligenz für die Herstellung von autonomen Waffen eingesetzt wird und somit der Menschheit Schaden zufügen könnte.

Künstliche Intelligenz ist ohne Zweifel ein Thema das polarisiert. Während technikaffine Ingenieure von der Superintelligenz träumen, fürchten Pessimisten den letzten Kampf der Menschheit gegen die von ihr geschaffenen Roboter.

ZUSAMMENFASSUNG

Insbesondere wenn es um den wirtschaftlichen Nutzen geht, den künstliche Intelligenz stiften kann, so sollte man vermeiden an einem der beiden Extrempunkte zu verharren. Man sollte eine realistische Einschätzung entwickeln, was mit künstlicher Intelligenz möglich ist und was nicht.

Die Frage, wo KI mein Unternehmen unterstützen kann, um einen Wettbewerbsvorteil zu generieren, sollte auf einer nüchternen, sachlichen Ebene beantwortet werden. Denn auch wenn nicht alle Probleme mittels KI gelöst werden können und die Angst vor einer autonomen Superintelligenz auf wenig rationalen Argumenten basiert, muss vermieden werden, dass aus diesen Gründen auf KI als Innovationstreiber im Unternehmen verzichtet wird.

Bereits in der jüngeren Vergangenheit gab es Hype- und Winter-Phasen. Während der Hype-Phasen war die übertriebene Erwartungshaltung, dass mittels KI alles möglich sei. Aus der Ernüchterung heraus schwang das Pendel danach in die Gegenrichtung. Die Forschung im KI-Bereich wurde wieder zurückgefahren.

So könnte man meinen, dass auch die aktuelle Hype-Phase wieder abklingen und KI mehr oder weniger verschwinden wird. In diesem Zusammenhang muss jedoch auf ein gewichtiges Argument Rücksicht genommen werden: *Während in früheren Phasen künstliche Intelligenz ein Hype-Thema der Forschung und Wissenschaft war, generiert KI heute bereits tatsächliche, nachweisbare Wertschöpfung in der praktischen Anwendung in der Wirtschaft.*

Aus diesem Grund wird KI in der naheliegenden Zukunft sicher nicht verschwinden. Auch wenn mit künstlicher Intelligenz nicht alle Probleme gelöst werden können, so ist sie in der Lage, ganze Wirtschaftszweige zu transformieren und zu revolutionieren.

DR. BERNHARD J. MAYR, MBA

Nach vielen Jahren Berufserfahrung in der Softwareentwicklung und Unternehmensberatung erkannte Bernhard J. Mayr bereits vor Jahren das wirtschaftliche Potential, das künstliche Intelligenz für Unternehmen bietet.

Aus diesem Grund widmete er sich neben dem Aufbau eines erfolgreichen IT-Unternehmens immer stärker dem Thema KI und erkannte, dass besonders die klein-strukturierte Wirtschaft in Österreich einen massiven Wissensnachteil im Bereich KI gegenüber der Konkurrenz aus China und der USA hat.

Im Rahmen der Beratungspraxis konnte er erkennen, dass es nicht nur die Techniker und Ingenieure sind, die fehlen, um die heimische Wirtschaft zu unterstützen, sondern insbesondere auch das Wissen um die wirtschaftliche Anwendung und Verwertung dieser neuen Technologie.

www.ingramcontent.com/pod-product-compliance
Lightning Source LLC
Chambersburg PA
CBHW041103180526
45172CB00001B/88